足　球

马玉健　编著

吉林文史出版社

图书在版编目（CIP）数据

足球 / 马玉健编著. -- 长春 : 吉林文史出版社, 2013.9（2023.6重印）

ISBN 978-7-5472-1715-3

Ⅰ. ①足… Ⅱ. ①马… Ⅲ. ①足球运动 – 基本知识 Ⅳ. ①G843

中国版本图书馆CIP数据核字(2013)第225700号

足球

ZUQIU

出版人 张　强

主　编 南来寒

编　著 马玉健

责任编辑 王　新

封面设计 袁　野

出版发行 吉林文史出版社

地　址 长春市福祉大路5788号

网　址 www.jlws.com.cn

开　本 720mm × 1000mm　1/16

印　张 12

字　数 100千

印　刷 天津市天玺印务有限公司

版　次 2014年1月第1版　2023年6月第4次印刷

书　号 ISBN 978-7-5472-1715-3

定　价 59.80元

编委会

主　编：南来寒

副主编：于　涉　张雪霜　王　非

编　委：余　然　汤　磊　冯佳丽

　　　　刘　洋

内容简介

足球是一种历史悠久、源远流长的运动，最早起源于中国，经过不断发展，逐渐风靡全球。目前全球大约有 4000 万的运动员登记注册，职业运动员超过 10 万人，能参加比赛的球队更是有 80 多万支，人们对足球的喜爱可见一斑。

本书主要包含运动保健、基本技术、基础战术、基本规则等各方面知识。始讲足球的起源和发展，让您在健身的同时也对足球的渊源有一个系统的认知，并于无形中与其建立更加深厚的感情。

足球大盘点

- 足球最早起源于中国吗？
- 什么样的体质适合踢足球？足球与健身的关系？
- 踢足球时，受伤了该怎样应急处理？
- 足球赛场上哪些精彩的动作会让球迷疯狂？
- 足球战术你都知道哪些？

目录

第一章　什么是足球

第二章　足球运动中的自我保护

第三章　足球规则知多少

第四章　足球场上克敌制胜的招式

第五章 战术是成败的关键

第六章 那些留在人们记忆深处的明星们

第一章

什么是足球

足球起源于中国吗

❖ 伟大的足球运动

有一种运动能使得整个世界为之欢呼、为之呐喊，能让我们在深夜里还对其恋恋不舍，为了一场胜利，为了一个得分而忘乎所以，这种运动叫作“足球”。

足球有世界第一大运动的美称。目前全世界经常参加比赛的球队数量已经达到80万支以上，注册足球运动员超过4000万人，职业足球运动员高达10万人。无论是非洲的沙漠，还是北美的海滩，无论是北风凛冽的高加索草原，还是美景如画的马尔代夫，几乎世界上的每一个角落都有着足球的身影。全世界的足球球迷的数量为33亿到35亿，要知道在2011年，第70亿个人类成员才来到了这个美丽的世界。也就是说，世界人口的一半都是足球球迷，每两个人中就有一个是足球球迷。足球已经成为一种世界性的运动，它已经深深地和我们联系在了一起，关乎我们的喜怒哀乐，即使人种不同、语言相异、兴趣不一，但因为足球，我们便可以快速地成为志同道合的朋友。

这种伟大的运动，不仅带给我们快乐与激情，更可以强健我们的体魄。那么在人类的发展历程中，我们是怎样发现了它？它从何而来？它又走过了怎样的发展历程？要回答这些问题，我们首先需要从它的起源之地讲起。

❖ 蹴鞠——最早的“足球”

足球是一种非常古老的运动，有一种说法认为，最早的足球是起源于中国的。中国古代有一种运动叫作“蹴鞠”，在《史记·苏秦列传》中有关于蹴鞠的最早的记载：“临菑甚富而实，其民无不吹竽鼓瑟，弹琴击筑，斗鸡走狗，六博蹋鞠者。”这是苏秦在游说齐宣王时对当地人民的描述，而这里的“蹋鞠”就是指“蹴鞠”。可见早在春秋战国时期，蹴鞠已经是一种非常流行的体育运动了，在当时已经产生了很广泛的影响。

目前，关于蹴鞠的起源之地，一般有两种说法。一种说法是古代的临淄，也就是春秋战国时期的齐国的都城。另一种说法认为蹴鞠起源于战国时期的赵国，对于这种说法，还有着一段非常有趣的故事：

在公元前的307年，赵雍，即赵武灵王，吞并中山国，战胜林胡、楼烦，开辟云中郡、雁门郡、代郡，在他的治理下，赵国可谓是盛极一时。这些功绩的取得源于赵武灵王推行的改革措施，即历史上著名的“胡服骑射”。通过鼓励赵国人穿戴胡人的服装，学习骑射技艺，赵国的军事实力获得了很大的提高。

赵武灵王为了鼓励人们练习骑射，经常率领亲信出城训练。一日，赵武灵王在树林纵马驰骋，突然看到了几只野兔，顿时心生玩乐之意，便下令去抓野兔，并且还要抓“活的”。于是士兵们采取“围歼”的策略，将野兔包围了起来，尽管策略得当，但兔子太过灵活，不一会儿就从包围圈中逃了出去。虽然围捕行动一无所获，可赵武灵王感觉这种抓兔子的游戏很好玩。看到赵武灵王对这个“游戏”非常感兴趣，一个聪明的士兵顿时计上心来，便向赵武灵王献计：“大王，您既然对这个游戏那么感兴趣，我们可以用一个球来代替兔子，这样就不怕它逃

出去了。”赵武灵王对这个建议非常赞赏，于是就命这位士兵去负责这件事。这种运动很快在赵国流行开来，后来人们将这种运动称为“蹴鞠”。

尽管人们对于蹴鞠的起源之地有着不同的看法，但是蹴鞠

自发明后，就广为人们喜爱。作为一种人们日常生活中非常喜爱的体育运动，它在春秋战国时期出现，经过不断的发展，逐渐走向成熟，并且在齐国临淄得到了广泛的传播，可谓是盛极一时。蹴鞠就这样走进了人们的生活，从此它不断地征服一个个时代，逐渐走向世界，创造属于它的辉煌。

❖ 蹴鞠中的中国

中国五千年的历史，一个个朝代更迭如潮起潮落，那一段段永远会被人们所铭记的传奇是中国最宝贵的财富，在历史的风烟中，蹴鞠作为一种运动，它又是怎样走过那一个个王朝的呢？潮起潮落间它又是以怎样的一种姿态见证历史的兴衰呢？

自战国时期，蹴鞠出现并且逐渐走向成熟，成为一种广受人们欢迎的体育运动，但是当历史的车轮转动到秦朝——那个一统六合、总揽八荒的伟大帝国，蹴鞠并没有同秦帝国一样迎来如日中天的辉煌，反而陷入了沉寂。也许此时的沉寂只是为了更好地崛起，沉寂的时间并没有持续多久，随着西汉的建立，中国迎来了一个更加伟大的时代，一个属于汉人的时代。在这样一个伟大的历史进程中，蹴鞠留下了自己的身影。

为了解除北方匈奴的威胁，汉朝广兴尚武之风，作为一种既能强身健体又可以娱乐的体育运动，蹴鞠在军队中受到了士兵的热烈欢迎。不仅如此，当时的蹴鞠已经成为贵族们非常喜爱的一种运动，其影响之大，影响之广，上至王公贵族，下至黎民百姓，都对蹴鞠有一种别样的钟爱。有雄才大略之称的汉武大帝，就是当时的“铁杆球迷”。据汉书记载：汉武帝经常在宫廷之内举行“鸡鞠之会”，这里的鸡鞠指的就是斗鸡和蹴鞠。

当时的大臣还专门有“蹴客”，也就是现在的足球明星。在《盐铁论》中，对蹴鞠有这样的描述：“贵人之家，蹴鞠斗鸡”，“康庄驰逐，穷巷蹴鞠”。可见当时蹴鞠在人群中是有着很大的影响的。

随着社会的发展与进步，蹴鞠也在不断地创新与进步。在王维的《寒食城东即事》中对蹴鞠是这样描述的：“蹴鞠屡过飞鸟上，秋千竞出垂杨里。”“屡过飞鸟上”，显然是带有夸张的描述，不过从这里我们能够看出此时的蹴鞠应该发生了很大的改变。唐朝时蹴鞠可以说是有了革命性的发展。首先，以前只是用两片皮缝合而成的球壳在此时已经变成了用八块缝制，这样的一个创新使得球变得更圆了。第二个创新之处，是球壳内的填充物已经不再是毛发等物品，取而代之的是动物的尿泡，通过吹起尿泡，可以使足球变得更圆、更轻，这样“鞠”也许真的就能“屡过飞鸟上”也未可知。唐朝的“鞠”不仅外形和

质量发生了革命性的变化，就连蹴鞠的形式以及方式也发生了变化。此时的蹴鞠已经有了“球门”，“络网为门以度球”，这里的络网为门是指用两根三丈高的竹竿架在高空做成的球门。不仅有了球门，唐朝蹴鞠的方式和汉朝相比也有了很大的变化，汉朝时的蹴鞠采用的是分队直接对抗的方式。而在唐朝，虽然还是分队比赛的方式，但是已经没有太过于激烈直接的对抗。此时，蹴鞠的双方被分开在两个区域，中间用球门隔开，而比赛的输赢是以射门次数决定的。值得一提的是，在唐朝已经有了“女子足球”，不过“女子足球”并没有球门，她们的蹴鞠方式被称为“白打”，所追求的是蹴鞠的高度与花样。虽然没有“男子足球”那样激烈，但此时的“女子足球”却更能给人带来视觉上的冲击，而且可不要小看此时的“女球员”，她们的蹴鞠技艺是很高的。

随着历史的车辙渐行渐远，蹴鞠也在不断演绎着属于它的传奇。当时空变换来到宋朝，蹴鞠也迎来了一个崭新的时代。关于蹴鞠在宋朝的影响，我们不得不提到一个人——高俅。施耐庵笔下的他是一位借助着非凡的蹴鞠技艺，一路青云直上，直至走到一人之下、万人之上的权力顶峰的超级“球星”。其实这并不是施耐庵的杜撰，历史上高俅的发迹就是和蹴鞠有着密切联系的。在宋徽宗时期，蹴鞠已经是一种很有影响力的运动。宋徽宗赵佶对蹴鞠的喜欢可谓到了一种痴迷的程度，所以高俅才能从一个“球员”摇身一变成为宋朝的“太尉”。宋朝时期蹴鞠的规则和唐朝是很相似的，不过宋朝的蹴鞠更重视对球的掌控，依靠熟练的技艺使球“终日不坠”。为此“头、肩、背、胸、腿、膝、脚”都成为人们需要不断练习的部位，形成了一套完整的蹴鞠技艺。在宋代，球的制作方法也得到了发展，此时的球需要用熟硝黄革，经过实料轻裁制成，而且要求“密砌缝成，不露线脚”。对于球的重量也有严格的要求，一般制作精良的球的质量不多不少，正好12两整。为了使球更圆，缝制球壳的尖皮的数量也增加到了12块。宋朝的球的制作不仅达到了一个很高的水平，球的种类也达到了四十余种。随着蹴鞠的影响逐渐深化，宋朝出现了很多的“职业球员”，这些“职业球员”有的专门为贵族们表演，有的在市井坊间靠蹴鞠维持生计。宋朝有名的“齐云社”以及“圆社”就是这样的“职业球员”们组成的“蹴鞠俱乐部”，这些俱乐部有着

专业的运营模式，有专人负责蹴鞠活动的前期推广和宣传，有专人负责球员们的训练。此时的“蹴鞠俱乐部”已经达到了很高的组织管理水平，可以说是最早的足球俱乐部了。

月满则缺，水满则溢。当历史的洪流依然滚滚奔涌向前，曾经的辉煌如那落日的余晖渐渐消散，随着这如斯逝水，蹴鞠仿佛再也找不回曾经的荣光。

当我们来到元代，那个仿佛存在于传说中的辽阔无边的帝国，那个带着草原青草的芬芳如雄鹰般翱翔寰宇的王朝。这是个伟大的时代，但蹴鞠并没有因为时代的伟大而焕发出新的生命。“毕罢了歌舞花前宴，习学成齐云天下圆”，此时的蹴鞠已经不再是王公贵族们着迷的宫廷运动，更多是风月场所里歌伎娱乐客人的手段。

到了明朝，蹴鞠的命运也没有发生太大的改变。“每出师，不问军事，辄携樗蒲（一种赌具）蹴鞠，拥妇女酣宴。”这是《明史》中对于张士诚的弟弟张士信的记载，可见此时的蹴鞠仍然没有和淫乐区别开来。为此，太祖朱元璋为了整治军纪，在军中下令禁止蹴鞠运动。所以蹴鞠在明朝更多是一种娱乐的方式。自此蹴鞠逐渐走向衰弱。到了清代，人们对于蹴鞠的热情变得更小了，所以关于蹴鞠的记载也更少了。到了现代，随着现代足球传入中国，蹴鞠就真的湮没于历史的风烟中，很少出现在人们的视线中了。

“足球起源中国”，2004 年 7 月 15 日，国际足联主席布拉特在第三届中国国际足球博览会向全世界这样宣布。蹴鞠——作为世界上最早的足球，在春秋战国时期走进了人们的视野，历经不断发展成熟，在中国将近 2300 多年的历史中，它走过辉煌的汉、唐、宋，见证了中华的辉煌，也见证了中华的衰弱。无论兴衰荣辱，它作为带给人们快乐、健康的体育运动，给予了我们民族太多的记忆与传奇。站在 21 世纪的今天蓦然回望，在历史的天空中它所划过的轨迹依然清晰且闪烁着别样的光彩。

现代足球的发展历程

❖ 建立

虽然足球与中国有着很大的渊源，但现代足球却是来源于欧洲的。位于伦敦皇后大街的共济会酒馆是现代足球的起源之地，1863 年 10 月 26 日，共济会酒馆内召开了一次关于现代足球的重要会议。来自英国伦敦的 11 个足球俱乐部以及一些学院的代表们在这次会议上制定了关于现代足球的规则，组建了现代足球最具权威的组织机构——英格兰足球协会。从这一天起，现代足球宣告了它的诞生，在并不很长的时期内，现代足球迅速地在世界范围内普及，走入了世界的每一个角落，成为人们生活中最重要的一种体育运动。

在制定现代足球规则的过程中，历经了很多的困难和阻碍，但也发生了很有趣的事情。足球中最具代表性的规则是不允许用手，在足球规则制定时，这个规则引起了人们的激烈争论。但最终以 13 比 4 的结果，确定了足球中不能用手的规则。一些坚持手脚并用的足球俱乐部，因为此项规定愤然离开了英格兰足球协会。在 1871 年，这些足球俱乐部建立了一个新的组织——英格兰橄榄球联合会，另一个新的运动由此诞生。

❖ 回顾

回顾现代足球的发展历程，我们需要首先回到那“暴徒足球”的时代。弹去数千年的风尘，将历史定格在古希腊以及古罗马时代。那时的欧洲已经出现了足球的身影，到了 1066 年，足球已经在英伦三岛展现出其独特的魅力。不过当时的足球如同罂粟之花，美丽的外表下隐藏着它魔鬼的一面。由于当时的

足球缺少规则，甚至是没有规则，参赛的两队分别代表两个城市，球员是两个城市的居民，而且没有人员的限制，比赛甚至允许两队的队员相互踢打以及打斗，只需要将球踢到另一队所在的城市区域即算胜利。无论是田野、农田、街道、宅院……只要是足球所到之处，皆是足球的比赛场地。可以想象当时的足球比赛是怎样的一种"盛况"，数千人相互殴斗、踢打，只为那小小的一个足球，为了"胜利"，踏平农田，损毁店铺；稍有不慎，流血五步，血溅当场，一命呜呼。此时的足球野蛮、霸道，甚至残忍，如同罂粟之花，美丽却让人害怕。为此，当时的英国国王下令"禁球"，这样的一个禁令一下就是五百多年，如同五指山下的孙悟空。虽然足球被牢牢地禁锢压制，但依然被人们作为私下的一种运动并乐此不疲，五百多年虽然发展缓慢却依然显示了其强大的生命力。

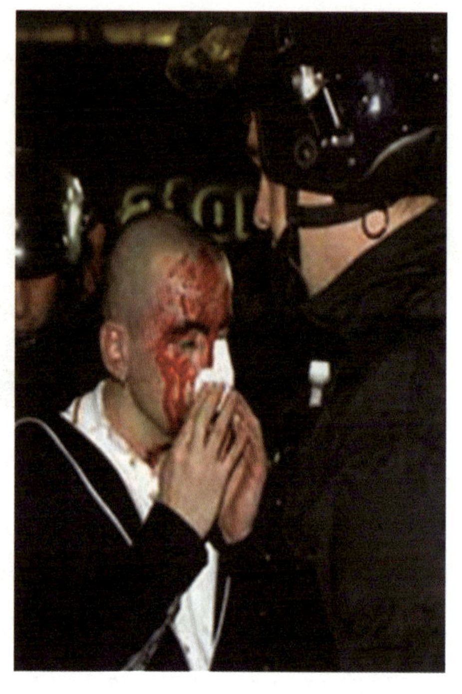

直到 19 世纪，足球运动才得到赦令，成为一种正常的体育运动，不过此时的足球运动依然没有制定出统一的规则。足

球比赛的人数、场地、得分方式都还不规范。这个时期的足球比赛更多是“各自为战”，每个地区的比赛都不同，此时为协调比赛的输赢，双方会选定一位“公正调解人”，不过此时的“公正调解人”可没有现在裁判员的权威，甚至常常因为调解得不到两队的认同而遭人追打。直到一个冲动的小男孩的出现，才让人们认识到了规则的重要性。

1823 年 11 月 21 日的一个普通的足球比赛中，一个 15 岁的小男孩突然用手捡起了足球，并抱起它向对方的场地冲去。这个动作如同南美洲亚马孙河流域的蝴蝶，看似轻微却引起了足球世界的巨大海啸。人们逐渐认识到了足球比赛中规则的重要性。为此，在英国伦敦皇后大街的共济会酒馆内召开了一次会议，会议中人们展开了对于足球规则的激烈讨论，有的人认

为足球应该手脚并用，有的人坚决反对，最终确定了足球不能用手的规则，而坚持手脚并用的一方退出了英格兰足球协会，成立了英国橄榄球联合会。

第二章

足球运动中的自我保护

足球健身理念意识

❖ 健康的标准

“生命在于运动”，热爱运动的人充满着旺盛的生命力，作为世界第一大运动，它的魅力不仅是在绿茵场上驰骋时那酣畅淋漓的感受，足球对我们的健康更是大有裨益。

什么是健康？

对于每一个人来说，健康都是很重要的。健康之于我们，如同水之于鱼。没有健康，生命将会打折，生活的美好将慢慢与我们无关。健康是什么？难道说没病无灾就是健康？其实健康并不是仅仅指没有疾病。健康包括很多的方面，世界卫生组织提出 :“健康不仅是躯体没有疾病，还要具备心理健康、社会形象良好和有道德。”可见心理和身体的健康缺一不可。但我们又如何能够确定自己是不是健康呢？世界卫生组织在 1978 年同样为健康下了定义，如果达到以下十个标准，那么你就是

健康的。

（1）精力充沛；

（2）处事乐观；

（3）善于休息，睡眠良好；

（4）应变能力强，能适应环境的各种变化；

（5）能够抵抗一般性感冒和传染病；

（6）体重得当，身材均匀，站立时头、肩、臂位置协调；

（7）眼睛明亮，反应敏锐，眼睑不发炎；

（8）牙齿清洁、无空洞、无痛感，齿龈颜色正常，不出血；

（9）头发有光泽，无头屑；

（10）皮肤、肌肉富有弹性。

从上面的十个健康标准中，我们可以看出，健康不仅仅指没有疾病。健康应该包括两个方面，首先是身体的健康；其次是心理健康，两者缺一不可。健康的人应该是充满了“精、气、神”，但是现在的人们由于作息、饮食不规律，工作学习压力巨大，环境污染严重，身体常常处于亚健康的状态。所谓的亚健康又被人称为“第三状态”，具有很大的危害，能够极大地降低人们

工作学习的效率，降低人们的生活质量。对于生活在当代的人们来说，如何保持健康是我们应该密切关注的问题。

❖ 足球之于健康

作为一种体育运动，无论是在身体上或者是心理上，足球都能够给我们带来积极有益的影响。

1. 足球运动能够使我们心态更为积极乐观

一个健康的人，必定拥有一个健康的心态。而体育运动能够对人们的心态起到一个很好的改善作用。在足球运动中，为了胜利，队员们各尽其能奋力拼抢，赛场上没有生活、学习、工作等烦心事的羁绊，只有团结协作、挥汗如雨。足球能够让人暂时放下生活中的各种压力与焦虑，使人全身心地投入其中。当我们融入比赛，在不知不觉中，便会处于一种兴奋的状态，我们的情绪和压力会在这个过程中得到很好的释放。

2. 足球运动能够改善人体的肌肉机能

有研究表明，当人体处于超负荷的体育锻炼等情况时，人体肌纤维中的蛋白质的合成速度会加快，从而会使得肌纤维变粗，而肌纤维中的组成物质会相应增加，胶原纤维的数量也会增加。肌肉结构和物质组成的改变，会使肌肉的灵活性以及兴奋性有一个很大的提高。相应的，肌肉的反应能力和速度有一个很大的改变。由于踢足球时需要大量跑动，长时间的跑步运动，能够增加人的毛细血管数量，毛细血管的数量很大程度上影响着肌细胞获取能量和氧的能力。当毛细血管的数量较多时，人体的运动能力会有一个质的提升。

3. 足球运动能够提高人的反应能力

足球运动对神经系统的反应能力有很好的促进作用。神经系统是人体最重要的系统之一，作为人体的神经中枢，大脑虽然只占人体总体重的 2%，但其所需要的氧却占人体所需氧的 20%，即使运动中的肌肉组织的需氧量也无法与之相比。大量的运动过程中，在大脑有充足的能量和氧的保障下，大脑皮层的抑制加深，抑制兴奋也会相应地集中。足球运动，是一种激

烈的需氧运动，运动过程中对于人体的反应能力有很强的锻炼。无论是运动中的冲锋、防守，抑或是队员之间的配合，比赛双方的战术对抗，都需要赛场上的队员具备较高的反应能力，具备一定的足球意识。在比赛中决定胜败的往往就是球员的反应能力。长期进行足球运动的人，其反应能力随着不断的锻炼会逐渐提高。

4. 足球运动对呼吸系统有很好的促进作用

肺活量是衡量人的体质状况的重要指标，一般人的肺活量，男性平均为 3500 毫升，女性为 2500 毫升。体育运动对肺活量有很大的影响，如果经常参加体育运动，人体肺泡的血管数目会有一个很大的提高，从而使得肺交换气体的能力增强。据统计，经常参加足球等体育运动的男性肺活量平均可达到 5000 毫升以上。另外两个衡量心肺功能的指标分别是呼吸差和呼吸频率。呼吸差是指深呼气和深吸气过程中胸围之差，这个标准也能够很好地衡量心肺功能。据统计，普通人的呼吸差一般只有 5—7 厘米，而足球等运动员的呼吸差平均为 7—11 厘

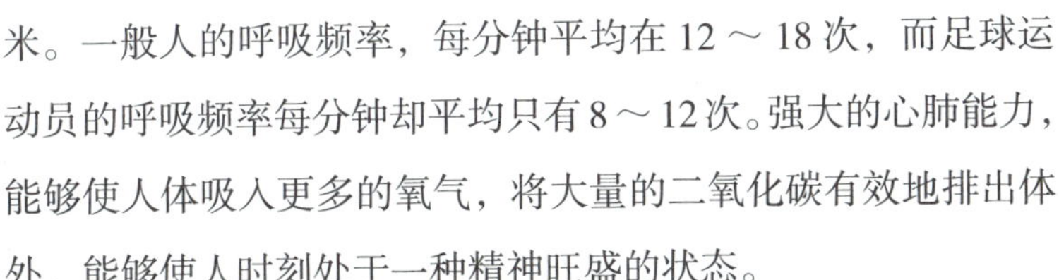

米。一般人的呼吸频率，每分钟平均在 12 ～ 18 次，而足球运动员的呼吸频率每分钟却平均只有 8 ～ 12 次。强大的心肺能力，能够使人体吸入更多的氧气，将大量的二氧化碳有效地排出体外，能够使人时刻处于一种精神旺盛的状态。

5. 足球运动能够降低心率

心率是衡量心脏能力的重要指标。健康的成年男性的心率一般在 65 ～ 75 次 / 分之间；女性的心率一般在 70 ～ 80 次 / 分之间。心率的高低是健康的重要指标之一。普通人的心率如

果低于或高于正常范围，其身体可能存在某一方面的疾病。经常从事体育运动的人，其心率要比一般人的心率略低，但这却是心脏功能强大的表现。首先，由于在长期的运动中，人体的神经系统对心脏的控制能力会逐渐得到增强。其次，长期从事足球等无氧运动，会使得心脏的容积增大，心脏的收缩能力增强。如果将心脏比作一个发动机的话，增强心脏的收缩能力就如同提高了发动机的功率。

6. 足球运动能够预防疾病

经常参加足球等体育运动的人能够有效预防疾病的发生。生命在于运动，运动促进健康。医圣孙思邈对养生之道这样论述过：“养生之道，长欲小劳。”从养生与预防疾病的角度来说，长期适量的体育运动对人体的健康有着很重要的意义。据统计，经常从事适度体育运动的人患心血管疾病、糖尿病、老年痴呆、癌症的概率要比从不参加体育运动或运动太过激烈的人大约低35%，其寿命也会有相应增加。长期从事体育运动能够提高人体的免疫球蛋白的含量，促进人体T淋巴细胞的合成，能够在一定程度上提高人体的抗病能力。

❖ 如何更好地运动

运动虽然无论对于我们的身体或是心理都有着有益的影响，但不合理的运动非但对身体没有好的作用，有时候甚至会损害我们的健康。如何健康地运动是我们必须要首先考虑

的问题。

生命在于运动，但生命更在于“正确”的运动。正确的运动需要做到以下几方面：

需要适度

体育运动要适度，时间不能过长但也不能太短。运动时间太短对身体的作用不大，而过于激烈或者运动时间过长对于身体也有着很大的损害。对于一般人而言，每天保持 20 ～ 60 分钟的锻炼时间即可。对于运动强度的评价，通常是以心率为指标的。心率在每分钟 120 次以下的运动，可认为是较小幅度的运动；心率在每分钟 120 ～ 150 次的运动，可认为是中等幅度的运动；如果心率是每分钟 150 ～ 180 次，或者每分钟 180 次以上的运动可认为是高强度的体育运动。一般每天保持半小时的低强度体育锻炼对人体是有着积极的影响的。我国的科学家发现，如果将每天打太极拳的时间控制在 30 分钟左右，经过

一个月，人体内的高密度脂蛋白的含量会有一个明显的改变。但是超长的体育运动对身体是没有好处的。

贵在坚持

参加体育运动要想取得一定的效果，需要人们持之以恒，坚持长期锻炼。三天打鱼，两天晒网，这样的体育运动是没有意义的。只有长期坚持不懈地运动，才会对身体产生积极显著的影响。

讲究方法

进行体育运动也要讲究合理的方法。有的人习惯晨练，但由于清晨起床，经过一夜的睡眠，腹内空虚，所以此时需要注意运动的强度不能太大，时间不宜过长，以免造成低血糖等症状。对于习惯傍晚锻炼的人们来说，由于刚吃过晚饭，所以此时的运动强度也不能过大，以免影响胃肠道的消化吸收。这个时间段的体育锻炼一般要以散步等低强度的运动为主，一般要控制心率在每分钟 120 次以下，而且锻炼的时间要与睡眠的时间保持 1 小时的间隔，以免影响晚上的休息。

锻炼过程中，学会控制合理的呼吸方法也很重要。一般控制呼吸的方法有以下几种：第一，口鼻呼吸同时进行。有时在运动中的需氧量很大，若仅靠鼻呼吸已不能满足机体的需要，此时可采用口鼻呼吸的方法。第二，控制呼吸的深度。通过控制呼吸的深度，能够提高呼吸过程中换气的效率。在运动中，我们有时候即使不断加快呼吸频率，还是有一种胸闷、呼吸困难的感觉。这是因为过大的呼吸频率降低了呼吸的深度，从而一定程度上减少了换气量，使得换气效率降低。通过调整呼吸的深度，可以有效增加换气量，从而提高换气效率，进而改变胸闷、呼吸困难的症状。通常呼吸的频率要保持在每分钟 25 ～ 30 次以下。第三，采用特殊的运动方式。人的呼吸方式一般可以分为三种，胸式呼吸、混合呼吸、腹式呼吸，一般在跑步等运动时所采用的是 2 到 4 个单步一呼、2 到 4 个单步一吸的节奏。

制订计划

体育运动也要有计划性，有计划有目标的体育锻炼才能取得事半功倍的效果。根据锻炼者自身的身体条件，我们可以制定适合自己的短期目标以及长期目标。短期目标，要能够达到一定的锻炼效果，这样可以激发我们锻炼的热情与潜力。我们可以选取若干健康体适能控制要素，在一定的时间内制定出能够达到的目标。相对于长期的目标，我们可以首先确定需要达到的短期锻炼目标，如提高自己的心肺功能或减肥等。

上场前的自我保护

对于喜爱足球的人们来说，由于足球场上对抗非常激烈，身体非常容易受伤，所以大家在绿茵场上挥汗如雨、酣畅淋漓的同时，更要注意运动中的自我保护。

所谓的运动保护，主要可以分为运动前的活动准备，运动后的放松以及运动保健三方面。

❖ 运动前的准备

运动之前做好必要的热

身以及适当的运动准备，能够使机体从安静的状态顺利过渡到运动状态，不仅能够有效防止运动损伤，还能增强人体的心肺功能，对于神经系统、肌肉的血流量、生物酶的活性以及身体的新陈代谢都有着显著的影响。由于运动前期准备能够使得肌肉、肌腱、韧带无论是弹性还是延展性都处在一个很好的状态，使身体内的运动阻力减少，从而预防运动损伤的发生。

运动之前的准备，我们一般可以分为两种：一般性的运动准备和专门性的运动准备。

一般性的运动准备主要分为走、跑、跳以及简单的徒手体操。一般性的运动准备所活动的身体部位一般较多，脖颈、躯干、手臂、腿、脚踝都应该运动充分，运动时要注意强度和时间。相对于一般性运动准备，专门性运动准备更具有针对性，需要根据所要进行的运动做不同的准备。不过对于一般的足球爱好者来说，进行一般性的运动准备活动就已经足够了。

常用的一般性准备运动：

颈部运动：低头，仰头，左侧转动，右侧转动，将头部由左向右或者逆方向绕环运动。一般做4个8拍为宜。

上肢运动：两腿分开站立，双脚距离与肩同宽，两手臂向前平屈然后向后振臂，注意保持掌心向下，第3～4拍时将两臂伸直打开，保持掌心向上，在第5～6拍时两臂经体侧上举并后振，掌心保持向前的状态，第6～8拍两臂垂下后振，掌心保持向后的姿势。此运动一般做4个8拍。

腰部运动：双手置于腰部位置，双脚保持与肩同宽，做环绕运动。做4个8拍。

弓步压腿：挺胸抬头，左脚朝前方跨出，使全掌着地，大腿保持与地面平行，右腿要伸直，上体保持正直。

髋部运动：双手位于腰部，两脚开立，保持髋关节的放松，分别向左、向右做360度的旋转。

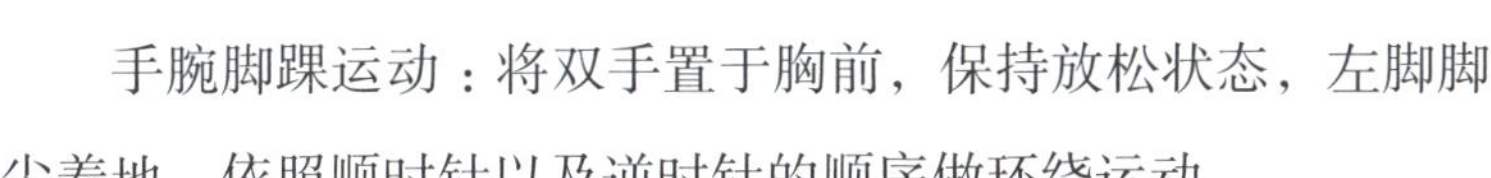

手腕脚踝运动：将双手置于胸前，保持放松状态，左脚脚尖着地，依照顺时针以及逆时针的顺序做环绕运动。

❖ 运动后的放松

运动对于身体的健康有着很重要的意义，但运动并不仅仅指的是绿茵场上的酣畅淋漓，运动还应包括运动后的放松的过程。一张一弛，只有将紧张和松弛都做好，才能够产生最好的运动效果。

从心态上重视放松的重要性

“放松是通向冠军之路的捷径”，这是在竞技体育中的一句很流行的话。虽然我们不是专业的运动员，但是我们也应该了

解到运动后放松的重要性。剧烈运动过后，无论我们的身体还是精神都处于一个疲劳的状态，而且如果运动不科学，还可能造成局部的过度疲劳。研究表明，在运动之后，做到充分的放松，能够对身体各组织器官的调节和恢复有很好的效果。不仅如此，

科学的放松还能够使人的精神更快恢复，所以我们应该对运动后的放松重视起来。

如何做好运动后的放松

一般运动后的放松主要可分为两个阶段：一、过渡阶段；二、身体调节阶段。

在第一阶段中，要做到通过一定程度的运动，将身体逐渐过渡到平静的状态。一般可以采取的放松方式为慢跑或走路。运动后如果立刻就静止不动，往往会使运动中高度紧张的神经、肌肉、精神得不到一个过渡而突然停止运转。因为身体中的各组织器官都在紧张地协调运转，无论是激素水平、血压、心率都处于一个很高的水平，突然静止下来的话，对心脏、血管都有不好的影响。通过放松运动，可以使身体中的这些指标逐渐恢复到原来的水平。

第二阶段是通过一定的方式，使得身体消除疲劳以及降低肌肉的酸痛感。一般我们可以通过伸展运动的方式来使身体获得放松。

❖ 运动与营养

运动是一个消耗人体营养的过程，长时间进行剧烈的运动，身体中的营养物质会被大量消耗，如果得不到很好的补充，身体的健康将会受到不利的影响。通过合理的饮食搭配，积极补充营养物质，在充足的营养保障下，我们的身体健康能够获得更好的发展。合理补充营养物质当然不是“暴饮暴食、大鱼大肉”，不健康的饮食方式以及暴饮暴食对于身体健康均有很大的伤害。科学合理的饮食才能对健康发挥有意义的影响。

首先，我们经常提到的营养物质是什么？

通常我们所说的维持人体生命活动的营养物质主要分为六大类：碳水化合物、蛋白质、脂肪、矿物质、维生素以及水。在整个生命过程，这六大类营养素缺一不可。

碳水化合物

碳水化合物是人体能量的主要来源，没有碳水化合物，我们将“寸步难行”。碳水化合物进入人体之后，经过一定的条件，将转化为葡萄糖。葡萄糖经过血液的运输，进入人体的细胞内，在酶的催化作用下，转化为人体最直接的能量来源——ATP（腺嘌呤核苷三磷酸）。而在运动中起着重要作用的肌纤维的能量来源，就是其细胞中的葡萄糖所组成的糖原所提供的。所以说，在从事足球等高能量消耗的体育运动时，人体碳水化合物的消耗是非常大的，所以一般在运动之后要及时补充足够的碳水化合物。我们平常所吃的大米、馒头等主食的主要成分就是碳水化合物。

蛋白质

蛋白质是生命的基础，是生命中最基本的物质，可以说生命就是蛋白质存在的一种形式。蛋白质构成了细胞、肌肉以及组成人体的组织。根据中国营养学会建议，正常人每人每天需要补充70克的蛋白质。在人体中组成蛋白质的基本物质是氨基酸，氨基酸的种类有20多种，在这些氨基酸中，有些在人体自身代谢中能够合成，我们称之为非必需氨基酸。有些在代谢中不能合成，只能通过摄取外界食物来获取，这样的氨基酸我们称之为必需氨基酸。所以每天补充足够的蛋白质，对于生命活动非常重要。但我们需要注意的是，并不是摄入越多的蛋白质对身体的健康越好，因为蛋白质不能够在人体中储存，过

多的蛋白质只能经过代谢排出体外。蛋白质摄取过多，首先会加重肾脏的代谢负担，这是因为蛋白质的代谢产物是尿素和尿酸，这两种物质需要经过肾脏排出体外，过多的尿素和尿酸对肾脏具有损害作用。不仅如此，蛋白质摄入过多还会加快骨质疏松，增加心血管疾病的危险性。由于现代人的生活水平不断改善，营养过剩已经成为困扰很多人的重要问题。而一定的体育运动，不仅能够加快消耗人体摄入的过多的营养物质，更能够增强人体的体质，对于健康具有重要的影响。

脂肪

脂肪是人体重要的储能物质。人体的脂肪来源于两方面，

一方面来源于自己的饮食，另一方面则来源于碳水化合物。当人体摄入过多的碳水化合物时，未被完全利用的碳水化合物会转化为脂肪在人体储存起来。如果人体的脂肪含量过多，就造成了“肥胖”。“肥胖”对人的健康有很大的危害。对于肥胖，我们有很多评定的标准，下面介绍一种简单的肥胖评定公式：

肥胖度=（实际的重量－标准体重）/ 标准体重 ×100%

身高（厘米）－ 105 =标准体重（千克）

肥胖度只要在 ±10% 区间内，就可以认为体重属于正常的范围。当超过 10%，就进入超重的行列了。当体重超过 20% ～ 30% 时，就属于轻度肥胖。如果超过 30% ～ 50%，就属于过度肥胖了。反之，当肥胖度为 –10% 时，属于偏瘦，肥胖度在 –20% 以上时，则属于消瘦。消瘦和肥胖对于人的健康都有影响。类似足球的体育运动，对于预防肥胖、改善体质都有很大的帮助。

矿物质

矿物质是人体需要很少但又不能缺少的营养素。它是构成人体的重要组成部分，对调节人体组织细胞的渗透压、维持体液的酸碱平衡以及身体的生物化学反应均具有重要的作用。在激烈的体育运动时，由于大量的无机盐会随着体液而排出体外，因此我们需要适量补充矿物质元素。一般在大量排汗时，可以通过运动饮料来补充矿物质元素。

水

水是生命之源，对于我们的健康具有重要的影响。不同的人们每天需要补充的水是不同的，根据不同的年龄、气候以及劳动运动的强度，人体对水的需要量均有所不同。在通常的情况下，婴儿每天所需要的水量为 110 毫升 / 千克，少年儿童每天需水量为 60 毫升 / 千克，成年人每天的需水量为 40 毫升 / 千

克。一般体重为60千克的成年人，每天的需水量约为2500毫升。在类似足球等激烈的体育运动中，最好每隔15～30分钟补充100～300毫升的水。

维生素

维生素是维持生命的重要物质，我们从字面中就可以知道它对于人体的重要性。维生素是人体不可或缺的物质，无论是在人生长、发育还是代谢中，它对人体均发挥着巨大的作用。

小贴士

在运动准备中，要根据自身的身体条件、季节、时间调整运动准备的强度。冬季时的准备时间应稍长，夏季时应适当减少运动时间。运动准备的强度，做到全身微微出汗、身体稍有发热感、心率和血压比平常稍高，有一种想要运动的兴奋感最好。

❖ 受伤如何应急处理

足球运动是一种比较剧烈的运动，球场上常见的运动损伤主要有踝部肌肉和韧带损伤、前交叉韧带损伤、关节扭伤、骨折脱臼、拉伤、挫伤、撞伤等。如果在球场上发生了紧急的意外情况，我们又该怎样处理呢？

一般在足球场上出现紧急受伤情况时，紧急处理的方法主要分为冷敷和热敷。

冷敷

所谓的冷敷是指利用“冷冻疗法”，暂时止血、镇痛、消肿以及麻醉。可将冷水浸透毛巾敷在伤者的受伤部位，或用冰袋敷在受伤部位。“冷冻疗法”一般用于关节或韧带的扭伤、肌肉的拉伤的早期，以及闭合性质的软组织损伤。通过“冷冻疗法”一般可起到收缩血管、缓解局部充血、抑制感觉神经、缓解症状的作用。

热敷

处理足球场上的意外受伤的另外一种方法是“热敷”。所谓的“热敷”是指在受伤的24小时之后，通过“热攻”的手段，

对于受伤部位进行护理的方法。一般，我们可以用毛巾浸透“热水”或“热醋”，并将毛巾敷在伤处。热敷一般要保持 30 分钟左右，主要用于慢性损伤、闭合性质的软组织损伤的中期、后期护理。热敷能够使人的局部血管得到一定程度的扩张，而且能够改善淋巴循环，能够在一定程度上消肿、止痛，促进损伤部位的恢复。

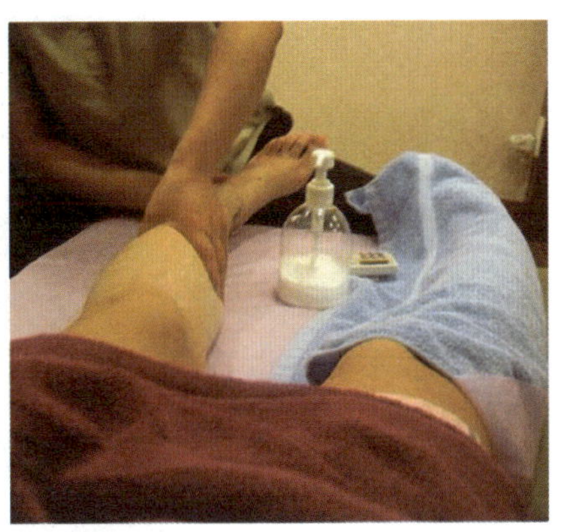

❖ 几种运动伤害的简单处理方式

肌肉和韧带的拉伤

对于肌肉和韧带的拉伤，受伤的 24 小时内为受伤的急性期。这个时期首先需要立即停止运动，然后对受伤的部位进行冷敷处理，包扎，并且需要将受伤部位抬起，以避免加重伤势。24 小时之后为恢复期。这个时期应该对受伤部位进行适度的按摩以及

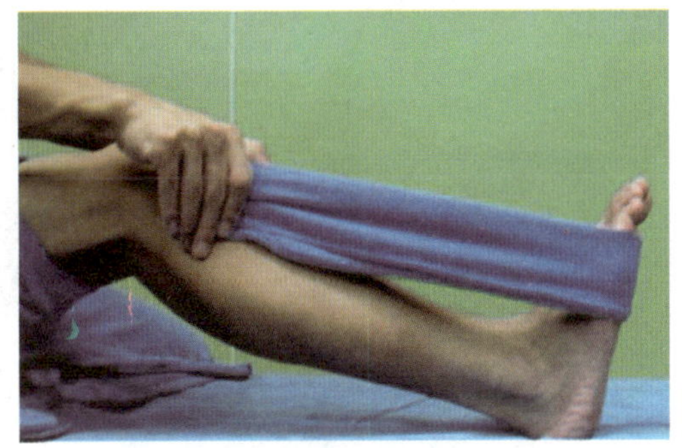

简单的康复性训练。

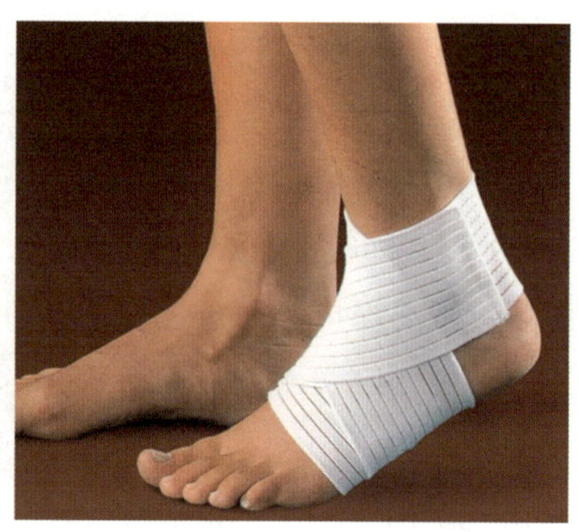

关节扭伤

关节扭伤也是足球运动中常见的伤病，如果处理不好，也将会对伤者产生一定的不利影响。对于关节扭伤的护理，急性期：应立即停止运动，然后热敷，对受伤部位进行简单的包扎处理。恢复期：对受伤部位进行适度的按摩以及简单的康复性训练。

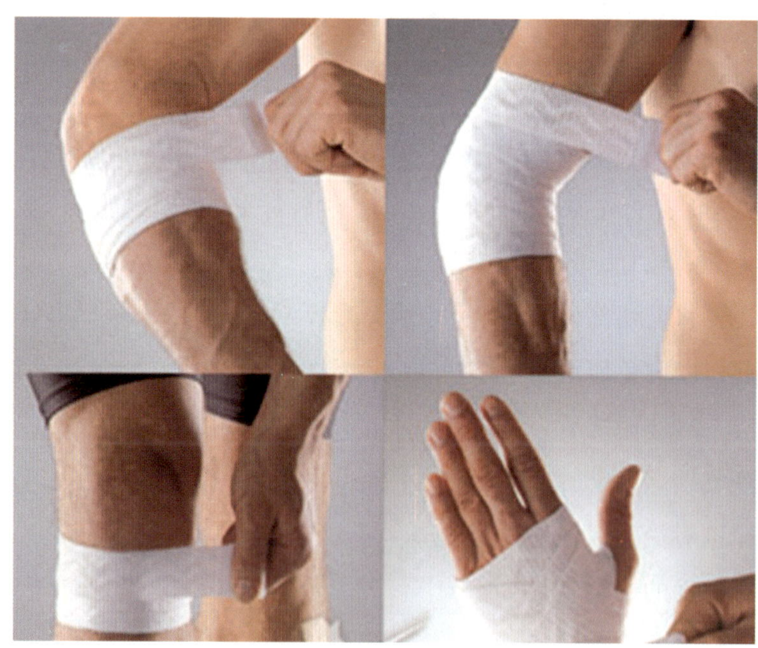

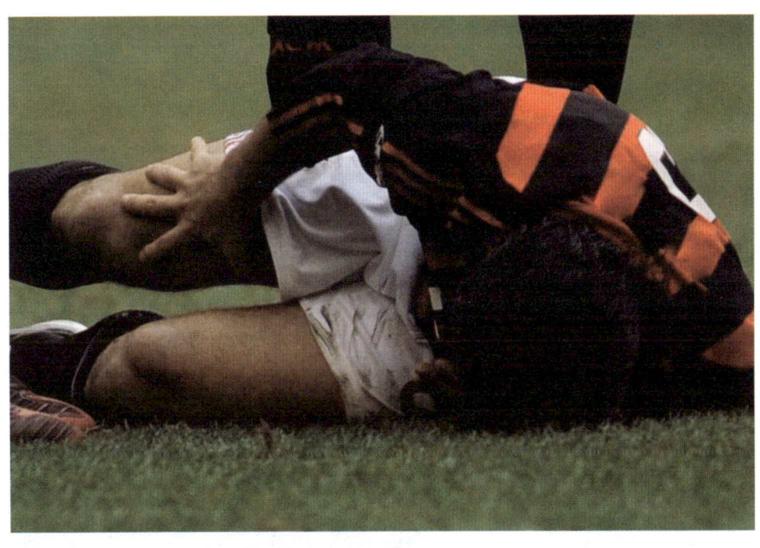

骨折与脱臼

在足球场上，骨折与脱臼也是常见的急性运动伤害。遇到骨折和脱臼的情况时，若采取的急救方法正确，能够在一定程度上减轻受伤部位的损伤、缓解伤者的疼痛感。骨折一般分为开放性骨折和闭合性骨折。所谓开放性骨折是指在发生骨折的部位出现了伤口，而闭合性骨折是指受伤部位的皮肤等软组织相对较为完整，没有伤口。

开放性骨折，在其伤口处一般会有很多的血液，所以需要对伤口进行包扎止血的处理。在包扎之前，需要将伤口处的异物除去，但外露的骨折的骨头不能推入体内，以防止感染其他组织；应用干净的布条进行止血，若有条件可使用止血带，但注意止血带一般应 30 分钟放松一次。包扎之后，可利用身边木棍、木板、树枝、硬纸板将患者的部位固定起来。固定物的长度应该以两个关节之间的长度为标准。若找不到固定的东西，也可用布条将受伤的肢体绑在伤者身体之上。上肢可固定于胸部的位置，注意需要将伤肢悬于胸前的位置。在进行简单的处理之后，应该立即将伤者送往医院。

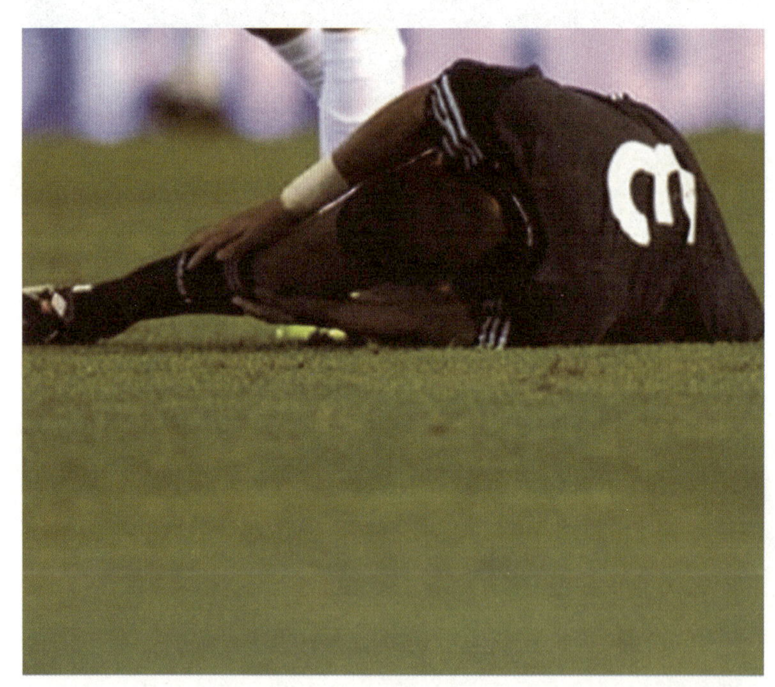

脱臼，常是因为直接或间接的外力撞击致使关节囊破裂或者韧带受到损伤。因为外伤而引起的关节囊破裂和韧带损伤称为外伤性关节脱臼。如果脱臼的部位关节面完全没有接触，称为完全脱臼。若还有部分接触，称为不完全脱臼。

若对骨骼组织等不太熟悉，不可随意对脱臼部位进行处理，应及时送往医院。

第三章

足球规则知多少

关于足球场上的那些“法律”

正所谓无规矩不成方圆，没有规矩就无法衡量公平，没有公平，体育比赛本身也失去了其内在的价值。在体育比赛中，规则必不可少，制定合理统一的规则既是对运动员的尊重也是

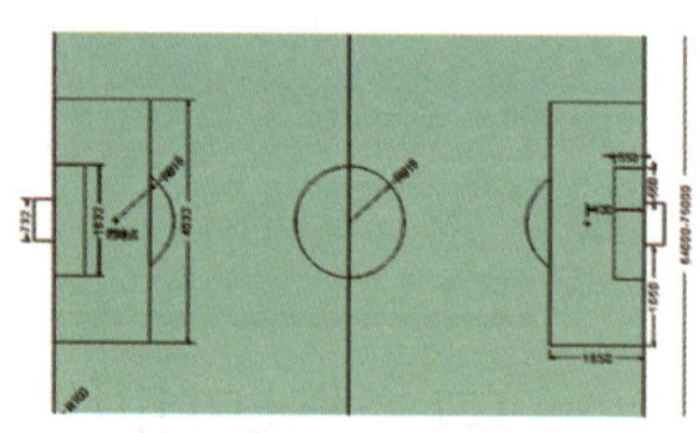

对体育比赛本身的一种尊重。世间任何事物都是在体制及规则的不断完善中得以发展而日臻完美的，足球也不例外，在足球比赛中，足球规则的制定经历了漫长的探索与发展完善时期，在一代代足球人的努力下，形成了现在国际上通用的比赛规则。对于足球运动员来说，熟谙绿茵场上的规则，更有利于自己在赛场上的发挥。而对于球迷们来说，了解足球的规则也更有助于我们更专业地观看足球比赛。

比赛的硬件设施大盘点

首先，我们先来了解一下足球比赛是在怎样的一个环境中进行的以及它有什么样的要求。

❖ 比赛场地

足球的比赛场地应为长方形，有球门区、禁区等，长边称为边线，短边称为球门线。一般情况下边线长在 90 ～ 120 米，球门线长在 45 ～ 90 米，在国际比赛的赛场上其边线长不得多于 110 米或少于 100 米，球门线长不得多于 75 米或少于 64 米，四年一度的足球盛事——世界杯所采用的标准是长 105 米宽 68 米，但无论如何都要保证长方形的长度长于宽度。球场中间横穿球场的一条线叫作中线，它将比赛场地划分为两个半场。在绘制比赛场地时所画的线条宽度不能大于 12 厘米，而且不得出现 V 形槽的情况。标记场地的中央，以此为圆心做一个 9.15 米（10 码）的圆即中圈。在场地的四角上各竖一个高于 1.5 米的旗帜，也可竖在正对中线的边线外 1 米开外的地方。旗杆所在以 1 米为半径的圆的四分之一圆弧就是我们所说的角球弧。

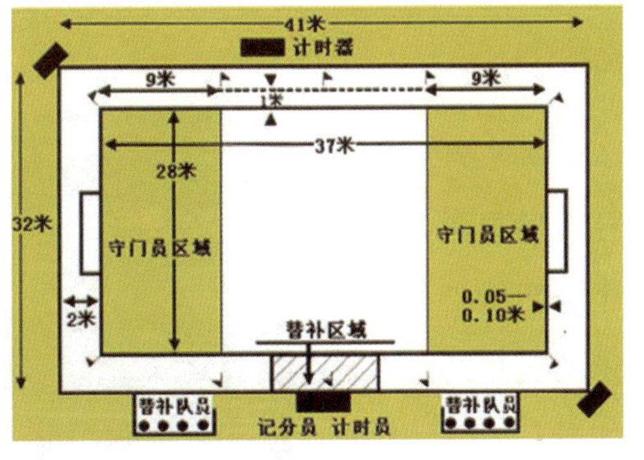

❖ 球门区

球门区的范围包括从球门柱内侧起 5.5 米处所画的两个垂直于球门线向场地内延伸并与平行于球门线的线所组成的区

域。球门必须处于每条球门线的中央，球门由距离角旗杆等距的垂直柱子和连接柱顶的水平横梁组成。两柱间的距离为 7.32 米，横梁的下表面和地面的距离是 2.44 米。我们要了解的是球门柱和横梁与球门线有着相同的宽度，且其宽度和厚度相等。在不影响守门员的情况下，球门网相对于球门的位置是可前可后的。横梁和球门柱都必须使用木材、金属或者被批准使用的材料，且都是白色的，在保证球员安全性的前提下，可为长方形、正方形、圆形或者椭圆形。在比赛前要做好安检工作，一旦发现横梁出现移位或折断，应立即停止比赛，修复完毕方可继续比赛，横梁修复完毕后应在原始位置以坠球的方式重新开始。如果是不可修复的损坏就不得不终止比赛。用绳子等代替横梁的行为是不允许的。

❖ 禁区

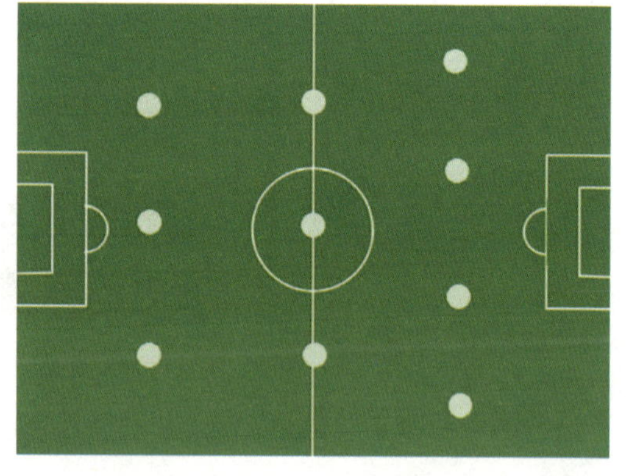

禁区为从球门柱向里画两条垂直于球门线长为 16.5 米的线和两条平行的球门线所围成，处在场地的两端。该区域，距离球门柱等距的中点 11 米处设有点球点，发球区外，距离点球点 9.15 米处画有一段弧。

❖ 比赛用球

在正规的足球比赛中对于足球也是有着严格的要求的。足球比赛中的用球需用皮革或其他符合规则的材料制成；其周长

一般在 68 ～ 70 厘米之间。重量不能超过 450 克，但也不能少于 410 克；对于足球的压力也有严格的规定，一般要在 0.6 ～ 1.1 个大气压之间。

在足球比赛中，若遇到足球损坏以及破坏时，一般需暂停比赛，而且如果没有得到裁判员的许可不能更换足球。如需更换足球，需在足球损坏的地方通过坠球的方式重新开始比赛。

根据国际足球理事会的决议，由于比赛所用的球属于协办单位的财物，使用后应物归原主，因此比赛结束后球应交给裁判员，且不得随意更换比赛用球。比赛过程中，在球门区，球发生破裂或漏气都应立即停止比赛，在原来的位置使用新球坠

球重新开始比赛。若此种情况发生在中场开球、球门球、角球、任意球、点球或掷球入场时，则应按规则重新比赛，假使死球时发生此类情况，要在裁判员的要求下使用新球并保证仍是死球状态，未经裁判员同意，是不能随便换球的。

其次，在球队进行比赛的过程中及其前后准备阶段，必须保持球场的纯粹性、比赛性，杜绝任何人以任何形式进行图文或实物形式的商业宣传，即使是国际足球联合会、洲际联合会、国家协会等团体的标志性图徽也是不被允许的。这些广告禁止区包括比赛区域的设备工具及其地面、赛场外的地面技术区域和边线外 1 米内。

球员须遵循的规则

参赛的队员每队最多 11 个，必须包括一名守门员，原则上每队队员的最少人数是各国的足协商定的，但是理事会认为队员少于 7 个时比赛是无效的。一般比赛都有替补队员，正式赛事时，每队最多可替换 3 名队员，提名的候补队员最多有 7 个。其

他的比赛，替补球员由相关球队决定，在比赛前若未下决定，则替换球员不可超过3个。但是，无论是何种比赛，候补队员名单必须提前出现在裁判员的面前，未被列出的人不能替补。队员在比赛前被罚出场

时，可由替补队员替补，但必须在被替补者下场后上场，且不能因此而推迟开球。但若是替补队员，无论是在比赛开始后还是未开始，一旦被驱逐出场的不能由替补队员替代。替补队员替补，要事先通知裁判员替补并得到允许，在比赛暂停时，经过裁判员的许可，方可进场比赛。如若未经允许擅自入场，应停止比赛，视情节对其进行警告、勒令其离场或罚令出场，此种情况发生在球门区内，可在比赛停止的地方坠球继续比赛，如不然，要在停赛时距球最近的和球门线平行的球门区线上坠球。替补队员无论是否进入比赛场地，其行为都应受到裁判员的约束。未经裁判员许可任何人都不能随意上场和下场，替补队员在死球时可从中线处进场，被替补的队员不可再参加该场比赛，这样就完成了替补。若是在比赛时，无论是否开赛，队员若对对手进行人身、言语攻击而被罚令出场，则失去更换的

资格。守门员是赛场上独一无二的，比赛时队员可和守门员互换，但是必须事先通知裁判员，并在比赛停止时更换位置方可。如果有人擅自与守门员互换位置，此时比赛继续，停止比赛时，裁判员可对相关人员处以警告，并举黄牌。由于运动的激烈性，为了避免运动员不必要的伤害，上场的队员须穿着有袖运动衣、短裤、护袜、护腿板和球鞋。护腿板由橡胶、塑料之类的材料制成，并且要用护袜完全包起来。队员的衣饰不得对其他运动员造成任何可能的危害。守门员的衣着颜色不能和其他队员或者裁判员或助理撞色。球员的衣饰除上衣外，其他的都不允许有广告，且不可露出有标语和广告的内衣，如果球员脱去球衣露出广告和标语，将遭到主办方的处罚。运动员应严格遵守以上规则，裁判员有权依据情节的轻重予以警告，但仍继续比赛，当比赛暂停时，应下场调整装备，在未经裁判员允许的情况下，下场运动员不能进入场地。运动员再次进入球场前，要接受裁判员的检查，装备合格方可进场。若裁判员暂停比赛进行警告时，应使对方球员在停赛的地方踢间接任意球恢复比赛，如果该地点恰为球门区则罚球，可在球门区内的任意位置执行，如果是对方的球门区则

应在离暂停点最近的与球门线平行的球门区线上执行。

裁判员的权力与职责

规则是人制定的，同时人也是规则执行的主体。维持正常、有序、公正的赛场秩序是裁判员的职责，赛场上有主裁判员、助理裁判员和第四裁判员（预备裁判员）。主裁判员对其所负责的一场比赛有完全的决定权，助理裁判员和第四裁判员辅助主裁判员工作。总之，他们是绿茵场上神圣的守护员。

裁判员是赛场上执行裁判任务的人，一场比赛有一位主裁判员，从进入比赛场地的那一刻起，整个赛场的一切事宜都由

其全权执行。主裁判员在助理裁判员和第四裁判员的协助下全面公正地掌控赛事，他有权确定赛场硬件设施如场地、球门、球等是否达标，有权决定运动员的装备是否合格。在比赛的前后及其过程中，若发生违规或场外有干扰事件时有权停止、暂停或结束比赛 。当发生运动员严重受伤时，可下令停止比赛，要求将伤员抬出赛场进行处理，在重新开赛时若确定受伤球员能够继续进行比赛可允许其再次上场。比赛过程中，若一方犯规，如此时被犯规球队处于优势，则继续比赛，如预期与结果相悖，就判罚先前的犯规。在赛场上有球员犯一种以上的规则，处罚时，依据最严重的而定。球员对他人进行语言攻击时，主裁判员有权处罚该球员离开赛场及其周围。如果主裁判员未发现不正当行为时，可听取助理裁判员的意见来决定处罚结果。主裁判员在比赛过程中担任计时和记录赛事的责任，在比赛结束后，有责任向有关单位提交比赛报告，报告中涵盖了对球员和球队职员处罚的因由，及在赛前、赛中和赛后发生的所有事件。主裁判员对比赛的事实判决就是比赛的最终决定。正所谓人总有犯错的时候，当主裁判员发觉判决有误或决定采纳助理裁判员的意见时，如果下场比赛还未开始，可更改先前判决。国

际足球理事会规定，当发生以下事件时，主裁判员、助理裁判员或第四裁判员可不承担责任：对球员、职员或观众发生人身、财产安全损害及个人、俱乐部、公司、协会等其他组织的任何损失可能或就是由于裁判员依照规则判罚而造成的，或者是由于裁判员为了控制赛事有序进行而做的决定造成的。裁判员将不负任何责任。

在进入赛场后，主裁判员可做任何不违背国际足协、各州联盟、国家协会、球会联盟的法规的决定。可依据比赛时天气条件决定是否进行比赛，以任何理由决定是否开赛。决定包括球门柱、球门横木、角旗杆和球在内的球场设备和所用器材以及球员上场时所着衣饰或装备。当看台观众干扰比赛正常进行或其他类似情况，可以决定是否停止比赛。运动员受伤时，主裁判员可以决定是否停赛对伤员进行离场治疗。当赛场附近有球队、球场职员、警卫员或媒体时，主裁判员有权决定是否允

许这些人在场。

除去主裁判员，正规赛事都有助理裁判员和第四裁判员协助主裁判员按规则管控比赛，每一场指派两名助理裁判员。助理裁判员可判定何时球全部出线，球员是否越位，指出主裁判员看不见的不正当行为或其他事件。如果助理裁判员做出干扰比赛或不适当行为时，主裁判员有权解除其职务并上报主管单位。第四裁判员则是根据竞赛流程的规定指派的，当两位助理裁判员中有一个不能继续执行裁判员任务时，由第四裁判员接替其职位。在竞赛未开始时，主裁判员应提前说明，若其不能继续执行主裁判员职责时，是由第四裁判员接替其职务，还是由场内资深助理裁判员接替，由第四裁判员接替助理裁判员。助理裁判员要在赛前、赛中、赛后给予主裁判员全面的行政支持。且其负责在比赛中协助管理球员的替补、换球和检查替补队员的衣着装备。第四裁判员应听从主裁判员的指示进行换球，

尽量减少比赛延迟的时间，当替补队员的装备不符合规定时要及时通知主裁判员。在主裁判员认错人对未犯规的球员进行警告或者违规两次被警告却未罚判离场，抑或是球员的不文明言行未被主裁判员和助理裁判员看到时通知主裁判员。在技术区域的任何球员和球队职员有不负责任的行为，第四裁判员有权通知主裁判员。比赛结束后，第四裁判员须向主管单位提交报告，记载主裁判员和助理裁判员未发现的违规事件，且提出的任何报告都必须告诉主裁判员和助理裁判员。

比赛时间规定

比赛分为上下两个半场，两半场的时间相等，各 45 分钟。若要更改比赛时间要经过裁判员和两队队员的一致同意。但是不论做任何决定都必须在比赛前敲定，且符合竞赛流程。中场休息不得超过 15 分钟。中场休息的时间是赛程制定好的，只有经过裁判员的同意方可更改半场休息的时间。在比赛中不可避免会有事情发生，如替补队员替补、球员受伤、查看受伤球员等其他原因而耽误了比赛的时间，都要在裁判员的决定下补足。比赛上下半场结束时或者加时赛时间结束时，允许延长时间到踢完罚球止。比赛结束时为和局应加时比赛，加时赛为两个时间相等的上下半场。另外对于未完成的比赛要重新竞赛，除非比赛的竞赛流程另有规定。

比赛时由掷硬币决定优先选择权，猜对的一方可选择上半场攻哪个球门。另一队中场开球开始比赛，掷硬币获胜的一队在下半场开始时中场开球。中场开球是指开始比赛或重新开始比赛的一种方法，发生在比赛开始、进球之后、下半场开始时和加时赛的上下半场开始时，在中场开球时直接踢进球门算作进球。下半场比赛时，两队交换场地。比赛开始时，所有球员就位，开球球队的对手，在开球前，要距球至少 9.15 米（10 码）。球处于球场的中央点处，裁判员发出信号后，开球队员开球。当一队进球后，应由对方球队中场开球。

比赛中常出现的情况的判定

规则的制定是因为有触犯先例，有违规行为要予以惩罚，这样才能保持比赛的公正性。以下列出的行为均为违规行为。

开球时的违规

在足球比赛中规定，开球球员在其他球员未触球前不可第二次触球，若违反时裁判员判对方球队在违规地点发间接任意球，中场开球时违规应重新开球坠球。坠球发生在裁判员喊停的地方，如果该地点为球门区内，则应在平行球门线的球门区线上最接近违规地点处坠球，重新开始比赛。

进球

不论在空中还是地面，当球越过球门线或边界线时即为球在比赛外，当球在边界线或球场内，抑或是从球门柱、横木、角旗杆或场内的裁判员、助理裁判员处弹回的为比赛中球。当球整个越过球门柱及横木下的球门线，在进球队未违规的情况下，算是进球。比赛结束时，进球数较多的一队为胜利的一队，若为和局，则进行加时赛，分出胜负，或由国际足球总会理事会讨论决定比赛方法。

越位

球员与对方倒数第二名球员相对于对方球门线的距离更近，处于越位位置，若球员只是在越位位置不会被判越位。如果球员仍处于己方半场，或者和对方球员的倒数第二位或是最后两位平行时，不属于越位位置。当一个球员处于越位位置，其同队队员触球时，如果他对对方球员有影响，并使得自己球队获得利益，此时将被判罚越位。但是，当该球为球门球、掷球入场或角球时，不会被判罚越位。被判罚越位后，裁判员应在越位地点判罚间接任意球，越位位置在对方球门区内时，间接任意球可在球门区内任何一点踢出。

警告

球员、替补球员和被替补球员违反某些规则时将被警告并举黄牌或红牌。当球员们有以下行为：存在非运动精神；使用言语或动作来表达异议；连续犯规；延误重新开赛的时间；踢角球或者任意球重新开赛时，不按规定与球保持合适的距离；未经裁判员允许随意上场或离场。触犯任意一条都将被警告并举黄牌。若球员严重犯规；言行粗鲁，对场上的自己以外的人吐口水或辱骂；同一场比赛得到两次警告；故意触球使对方球员失去进球的机会或故意犯规以罚任意球或罚点球使对方球员失去明显的进球机会。以上行为，触犯任意一条都将被判罚离场并举红牌警示。被判罚离场的球员必须离开球场附近和技术区域。以下是国际足球理事会对犯规行为的决议，认为球员无论是对对方球员、本队队员、裁判员、助理裁判员或是任何人发生警告或判罚离场的行为都应依照规定予以处罚；当守门员用手或手臂的任一部分触球就认为守门员已经控制了球；球员用头、胸部传球给守门员，守门员可触球，

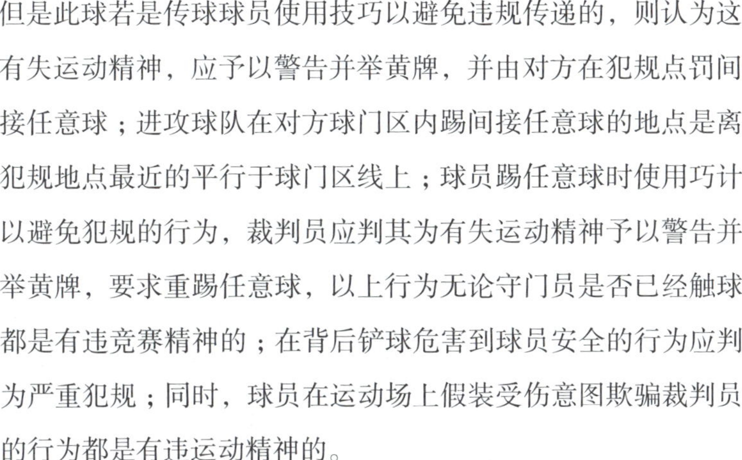

但是此球若是传球球员使用技巧以避免违规传递的，则认为这有失运动精神，应予以警告并举黄牌，并由对方在犯规点罚间接任意球；进攻球队在对方球门区内踢间接任意球的地点是离犯规地点最近的平行于球门区线上；球员踢任意球时使用巧计以避免犯规的行为，裁判员应判其为有失运动精神予以警告并举黄牌，要求重踢任意球，以上行为无论守门员是否已经触球都是有违竞赛精神的；在背后铲球危害到球员安全的行为应判为严重犯规；同时，球员在运动场上假装受伤意图欺骗裁判员的行为都是有违运动精神的。

任意球

几乎只要提到犯规时，我们总是提到任意球，那什么是任意球呢？下面我们一起来看一下什么是任意球。任意球分为直接任意球和间接任意球，踢直接任意球和间接任意球时球必须是静止的。开球球员在另一球员触球之前不可第二次触球。踢直接任意球时，若球直接进入球门算进球。当裁判员伸手高过头时，说明判间接任意球，裁判员高举的手臂在开球后除开球球员外的另一球员触球后方可放下。间接任意球不同于直接任意球，开球队员开球

后，必须触及另一球员踢进的球才算是进球，间接任意球若是直接踢进对方球门，则由对方踢球门球。

在禁区内，守方队员踢直接任意球和间接任意球时，所有球员应最少距球 9.15 米（10 码），守方球员都必须在禁区外，直到球被罚出，球进入比赛中，在球门区内踢的任意球，可在球门区内任何一点踢球。攻方球队踢间接任意球时，除非对方球员在球门柱间的球门线上，否则所有对方球员距球至少 9.15 米（10 码），直到球进入比赛中。攻方球员若是在球门区内踢任意球，踢球点为最接近犯规位置的平行于球门线的球门区线上。无论是攻是防若是球未能直接踢出禁区，则要重新踢球。对于禁区外的任意球，所有对方球员在球未进入比赛中前距球不少于 9.15 米（10 码），踢球的地点为犯规发生的地点。若球员不按照规定的距离，则要判重踢任意球。任意球由除守门员外的球员踢时，球进入比赛中后，开球球员在其他球员未触及球时第二次触球时，将判罚间接任意球，由对方球员在违规地

点踢间接任意球，若是开球球员在其他球员未触球时故意用手触球则由对方球员在违规地点踢直接任意球。由守门员踢的任意球，在球进入比赛中后，守门员在其他球员未触及球之前第二次用手之外的地方触球时视为违规，由对方球员在违规地点踢间接任意球；若是用手触球，犯规发生在守门员的禁区外，由对方球员在犯规地点踢直接任意球，犯规发生在禁区内，对方球员在犯规地点踢间接任意球。

裁判员认为球员的言行恶劣、对他人使用暴力时，例如，企图或已经踢到对方球员，故意绊倒、推倒对手，向对手跳去或冲撞对方，企图殴打或已殴打对方，裁判员可判罚直接任意球。球员向对方球员铲球，触球前先触到对方队员，抓或向对方队员吐口水的行为或者非守门员故意用手触球的行为也是要判罚直接任意球的。直接任意球在被判罚地点罚球，防守球队球员可在自己的球门区任意位置踢直接任意球。有直接任意球也有间接任意球，在什么情况下会被判罚间接任意球呢？守门员在自己所在的禁区内用手控球，交球之前时间超过 6 秒；守门员交出球后，在其他队员还未触及前再次用手触球；同队队员故意把球踢给守门员，且守门员用手触球；守门

员用手触摸同队队员的界外球掷球入场时。以上行为一旦发生都将被罚间接任意球。对球员来说，做危险性动作，阻挡对方球员前进，妨碍守门员交出球以及上文所提到要判罚间接任意球的违规行为，都将被判罚间接任意球。同直接任意球一样，间接任意球在犯规地点踢出，防守方在自己的球门区任意一点踢球，进攻方在对方球门区内踢间接任意球时，应在最接近犯规点的平行于球门线的球门区线上踢球。

点球

比赛时，一个球队在本队的禁区内，违反罚直接任意球的犯规行为之一，判罚点球，球如果直接进入球门算作进球。点球的球放在点球点，踢点球的球员应先适当确认。守方守门员应在球门柱之间的球门线上面向踢球球员，直至球踢出。其他球员在球场的禁区外点球点的后方，距点球点 9.15 米（10 码）外。待所有的球员都在规定的位置后，裁判员发出踢点球的信号，并判定点球的结束。同任意球一样，在其他队员未接触球前，踢球球员不可第二次触球，否则判定犯规，由对方球队在犯规地点踢间接任意球；踢球球员在其他球员触球前用手

触球，由对方在犯规地点踢直接任意球。不同的是，球一旦前进就是在比赛中了。不论是在正常比赛时间还是在上下半场结束时或者是在延时赛时踢或重踢点球，球触及门柱、横木或是守门员后进入球门都算是进球。在裁判员发出踢点球的信号后到球进入比赛中前，如果踢球队员犯规，裁判员允许其踢出罚球，如果球进入球门则重踢罚球，如果未进球不重踢。守门员犯规的话，裁判员仍允许踢出罚球，球进入球门算进球，未进入球门重踢罚球。踢球球员的队友进入禁区、超过点球点或距球少于 9.15 米（10 码），裁判员准许罚球踢出，球进入球门则重踢罚球，未进入球门不重踢罚球。若是球从守门员、横木或是球门柱处弹回，并触碰到同队球员，裁判员会停止比赛，对方球员踢间接任意球重新开赛；触碰到外来人员，裁判员停止比赛，在触碰外来人的地点坠球重新开赛。守门员的队友进入禁区、超过点球点或是进入距离点球点 9.15 米（10 码）内，裁判员准许罚球踢出，球进入球门算进球，未进入球门重踢罚球。如果攻守方的球员都犯规，应重踢罚球。

球前进过程中触及外来人员，也要重踢罚球。

掷球入场

还有一种踢球方式为掷球入场，它是重新开赛的一种方法，无论是在空中还是在地面上，球整个越出边线，判罚最后触球球员将球踢出边界，对方队员要在越出边线的地点掷球入场。掷球入场球直接进球门时不能算是进球。掷球队员在掷球时应面向球场，两脚的一部分在边线上或边线外的地面上，双手举球从头的后方越过头顶掷球。在另一球员触球前掷球球员不可第二次触球，球进入球场内即球在比赛中。除守门员外的球员掷球入场时，如果掷球球员在另一球员触球前第二次触球则由对方球员在犯规地点踢间接任意球，若掷球运动员是故意用手触球的，应由对方球员在犯规地点踢直接任意球。以上犯规行为发生在掷球球员的禁区内，对方球员踢点球。守门员掷球入场时，在另一球员触球之前第二次用除手之外的身体部位触球，判对方球员在违规地点踢间接任意球。若是守门员故意用手触碰球时，判犯规，犯规发生在禁区外，由对方球员在犯规地点踢直

接任意球，发生在禁区内时，由对方球员在犯规地点踢间接任意球。如果对方球员故意打扰掷球球员，是一种有违运动精神的犯规行为，裁判员应警告并举黄牌。违反除上面详细说明的违规惩罚的违规行为，应由对方球员掷球入场。

球门球

当球体无论是在空中或是地面整个越出球门线，球未进而最后触及攻方球员则判罚球门球。球门球直接进入对方球门可算作进球。罚球门球，由守方球员在球门区内任一点踢球门球。对方球员在球进入比赛中前要站在禁区外。球踢出禁区就算球进入比赛中，球未直接踢出禁区要重踢球门球。踢球队员在另一球员未触及球前不可第二次触球（除手触球外），除守门员外的球员犯这种错误，由对方在犯规地点踢间接任意球；若犯规发生在踢球球员的禁区内由对方踢点球。守门员犯此种错误，对方球员在犯规地点踢间接任意球；如果守门员在禁区外故意用手触碰球，则判对方在犯规地点踢直接任意球，在禁区内犯规，则判对方在犯规地点踢间接任意球。其他违规行为应重新踢球门球。

角球

角球也是重新开赛的一种方法。罚角球的情况和球门球的违规情况相同，但是球最后触及的是守方球员，此时判罚角球。角球直接进入对方球门时方可算进球。判罚角球时，球要放在最接近角旗杆的角球区弧线内，在球未进入比赛中前，对方球员距球不少于 9.15 米（10 码）。攻方球员踢角球，踢动后即为球在比赛中，踢球球员在其他球员未触球前触球（除手触球外）仍判为犯规，由对方球员在犯规地点踢间接任意球，如果是踢球球员故意用手触球则判对方球员在犯规地点踢直接任意球。若该犯规行为发生在禁区内，对方球员踢点球；若踢球球员为守门员，则由对方在犯规地点踢间接任意球，若是守门员故意用手触球，该行为发生在禁区外时，对方球员在犯规发生的地点踢直接任意球。犯规发生在禁区内时，则对方球员在犯规地点踢间接任意球。对于其他规定的违反，应重踢角球。

技术区域

在球场上还有一个区域——技术区域，根据国际足球理事会决议，在设有球队职员与替补球员座位的赛场上，技术区域一般应画线表明，技术区域的人数在竞赛规程中是明令规定的，在技术区域内的人员，一次只允许一个人向球场内球员提供战术指导，完成指示后应返回座位。教练和其他球队职员必须留在技术区域内且要严格约束言行，特殊情况除外，例如，物理治疗师或医生可在裁判员的许可下进场查看受伤球员。

赛场结果决出程序

任何的一场赛事终究会得出胜利者，胜利虽然不是运动的最终目的，但对参与运动的团队和运动本身来说都非常重要。

足球比赛的输赢评定方法很简单，绝大多数是根据进球的多少来评定的。但是，如果比赛的结果为和局时，要决出最终胜利的球队，可采用黄金进球和互罚点球的方法。也就是在加时赛采用黄金进球时，先进球的一队为胜队。如果在加时赛采用黄金进球的方式，比赛的双方仍未进球，此时则采用互罚点球的方法决出胜负。所谓的点球点是由裁判员选定任一球门执行互罚点球，双方队长可以采用猜掷硬币的方式来决定罚球的顺序。在踢球时，首先要确认的是在球场范围内的参赛队的队员数量，一般要求在踢球时，两队队员的数量应保持一致。确认人

员数量相同时，双方队员轮流交叉踢球。以此种方式踢完五个球后，比赛的胜利以进球数目为评定的标准，若五个球未踢完结果就已经明确，则停止比赛。如果五个球踢完后进球数仍相同，则仍按照之前的顺序接着踢球，直到两队踢球数相同，而进球数不同时结束，进球数多的一队为胜队。要注意的是，在加时赛过程中，只允许有资格踢球的球员、裁判员、助理裁判员留在赛场，且只有在场球员可参加互罚点球，每次踢球由不同的球员轮流踢球，只有在场所有球员都踢过后，才允许球员有第二次踢球的机会。比赛中，守门员在罚点球时受伤不能继续担任职务时，如果该队替补球员人数未超过规定允许的，可申请替补球员上场，且有资格的踢球球员都可与守门员交换位置。当罚点球时，除了两名守门员外，其余全部球员必须留在球场中圈内，和踢球球员同队的守门员必须留在禁区的外面且

第四章

足球场上克敌制胜的招式

与禁区界线交接的球门线上。

足球发球的技巧

以任意球为例，平时我们发任意球只需要助跑然后脚弓一搓球，就会有一个很好的弧线。其实专业的球员是不会这样的，他们在发球时会有更加规范的准确动作，以确保这次发球的准确性、速度以及转速。当观看一些大型的国际比赛时，我们通常会看到球员在发任意球的时候会有一个助跑，并且当他们跑到球面前一步的时候，会有一个很明显的扬臂动作，并且还有很多海报上和电视上都会看到的精彩瞬间，也就是他们在发任意球时整个身体都处于一种很高难度的倾斜。

我们可能不是很理解专业球员为什么会做出这些看似古怪的动作。其实正是这些动作保证了足球在飞向球门的后半程能够不减速甚至加速。当球员在扬臂的时候，手臂会带动整个身体以腰部为轴线来进行旋转，这个旋转

的另一端就是他们发力的小腿，在小腿发力之前还要充分摆动，这样能够有效地把手臂和全身的轴向力都用在腿上。两条大腿应该尽可能靠近，并且踢球的瞬间踝关节必须要绷紧，这就跟铁锤和气锤打人一样。当我们的踝关节触球，然后以脚踝为轴线，

一个小幅度的旋转，能够帮助我们将球的转速提升到一个令人满意的程度。当然在出球之后，并不是要一动不动，大腿应继续向前摆动以消耗掉我们刚才所积蓄的力量。

相信很多朋友都喜欢看足球比赛，但是有时候守门员发球会出现手抛球，有的时候会使用放在地面发球，这些发球方式该怎么区分呢？

守门员的发球规则

球门球：当一方进攻时把球踢出或者最后一次触球过对方底线的时候，这时候就由对方守门员在底线出界的一侧的禁区

边角发球，这种球就是球门球，当然球门球也可以由本方后卫来发。

任意发球：当在对方球员进攻中，或者本方球员战略防守时，守门员用双手接住球之后就能够在禁区内进行任意形式的发球。

归纳：只要是守门员在禁区内用手接住的球采用任意发球，而死球也就是过了底线的球要采用球门球。

❖ 守门员的发球方法

（1）球门球的发球方法

一般发球门球会有两种：一种是用很大的力量采用较高的球路发到前场，进行直接进攻。另一种是采用地滚球，这样发球直接传到后卫的跟前，一般都是边线。这两种发球没有其他要求和技术含量，但边线传球更为保险一些。

（2）任意球的发球方法

首先守门员发任意球的时候有两种情况要注意，当本方球员要采取进攻的时候，发任意球尽量采用较平滑的发球路线，这样

能够让球更快地飞过前场，帮助队友更快地进攻或者发动反攻。而手抛球就要注意抛球的方式，有脑后抛球也有地滚抛球，这样的抛球无须准备时间便能更快地把球传到发起进攻的队友脚下。另一种情况，在我们不需要开展反击的时候，要用防守的态势来面对场上情况，这时候我们就可以用大脚发前场球，抑或发手抛球到最近的后卫脚下来组织防守。

如何巧妙触球

从脚在踢球和击球时的部位来看。一般来说，用脚的某一部位击球的中后部，作用力通过球心，出球平直。当运动中触球时，应准确判断来球的速度、方向，根据目的，合理选择踢球脚以及脚与球的部位。

脚内侧传球

推传是在近距离传球中最稳定、最可靠的一种方式。

踢球脚的动作要注意以下几点：脚外转并且让触球的球鞋部分通过不同的情况来调节脚与球之间的切向角。此时的踝关节要保持肌肉的紧张状态，让脚踝绷紧，并且发力的部位应该为脚的中部。在发力过后，一般不需要踢球脚向前伸展，需要

将脚制动，这样能够防止伸出的脚影响球的运动轨迹。

支撑脚在推传时要支撑身体，一定要处在一个很稳定的状态，所以平时身体素质和下肢的锻炼就尤为重要，并且在推传过程中需要球员的支撑脚还有踢球脚保持一定的半径，这样踢球脚能够有足够的距离进行加速，并且让踢球脚做到一定幅度的摆动。

头部应该保持注视足球，并且视线应该一直保持注视球的行动轨迹。

优点及缺点：首先作为一种非常稳定的传球，由于球与球鞋的接触面积比较大，这样力的传动就比较好，换句话说就是比较省力，并且在踢球的时候能够用整个脚掌来保证球的出球方向，这样就能够带来较高的准确性。而另一方面，这样的传球比较容易被防守的对方球员预测到，而且在高速跑动的时候想要做出内侧传球时很容易控制不好身体的平衡和脚的角度，这样就限制了脚内侧传球的使用次数。

脚背踢球

脚背传球相比脚内侧传球要难很多，要想熟练地运用脚外侧传球就需要经常练习。

在这里我们还是按照踢球脚支撑脚和头部位置的顺序来总结脚背传球的技术要领。首先踢球脚的脚趾应该朝向地面，这样我们在用脚背触球的时候能够让发力的位置和球处在同一水平线上，这样才能够保证球直线飞行。如果没有能够用力到球的中部而是其底部和中部之间，那么球就将飞离地面。

支撑脚站立的位置应该与球平行，离球 20 厘米左右，否则会影响到踢球脚在球上的触点，也有可能会出现在球的下半部。

与脚内侧踢球时一样，全程保持注视球的路线以防止球线偏离预计的线路。

优点及缺点：相比前面的脚内侧传球来说，这种脚背传球的方式更容易隐藏传球的意图，这样的

方法能够有效地减少对方球员的抢断。尤其是在球速和球的力度上，能够更加灵活地运用，并且在运动员激烈冲锋的时候能够适应原先的跑动直接进行脚背触球，这种触球方式在比赛和训练中都是最常用的传球和射门手法之一。

缺点就是在于球鞋触及球的面积较小，所以说在脚背触球的技术动作上还是需要很多专业或者有体系的练习，因为触球面积的问题，有时候踢球的准确度就不好掌握。

脚外侧传球

脚外侧传球是一种非常灵活的传球手段，这种技术能够适应比较近距离地传球，能够让球员的运球更加有迷惑性，触球时以很大的角度来击球让对手很难摸索到球员的节奏。使用这种传球方式长传也能够让球产生弧线绕过直线上的防守队员。

脚外侧传球有很多的方式，其中包括一种比较近距离的传球方式：敲传。这种传球方式是让脚外转，发力部位在球的内侧并且接近水平线，这样能够在触球中掌握球的飞行路线保证其平直的轨迹。

弧线球传球：在弧线传球的时候，运动员

的踢球脚通过由外向内的摆动，使球产生较高的切向力也就是旋转。踢球球员如果是右脚踢球，那么在传球的时候触球位置就应该在球的左中位置，这样球在弧线飞

行的时候能够产生自左向右的旋转方向。在踢球的时候球员应该正对跑向来球，脚的作用力应该尽量通过球的水平线，这样就能够保证球的平稳低高度飞行。

脚外侧传球的一系列动作中，两种传球方式支撑脚都应该在球的侧后方一点，侧的方向取决于球员踢球脚的差异。总之支撑脚的要领应该配合踢球脚的摆动让球有足够的旋转或者速度。

头部动作：首先在脚触球到球飞行之前我们都应该注视球的位置，尤其去注视我们应该去击球的位置。而在弧线传球的时候，当球飞出，我们的视线应该紧跟球的动向，判断球的路线与我们原本设计的路线是否一致，来判断下一步的身体动向。而敲传球，我们应该在球离脚之前多多观察对方球员的动向，以此来判断我们下一步要敲传的方向和速度，并且在球离脚后，我们应该看着球是否传到了我方运动员的脚下，保证传球的完成。

优点及缺点：在运动和运球过程中，脚外侧传球非常实用并且具有很强的技术性，而且非常具有隐蔽和机动性，能够避开敌方选手的拦截和干扰，弧线球能够在传球时躲避直线上的干扰，包括对方球员和守门员，这样就能够为配合以及进攻提供很好的技术支持。并且弧线球能够适应快速移动中的身体姿态，让球员不必改换姿势来传球，也让防守队员防不胜防。

在用脚外侧传球的动作中，敲传的缺点是不能够进行长距离的传球，具有局限性，而弧线传球要求我们能够有一个助跑距离，并且在击球时有足够的切向力来维持球的旋转和弧线，这样的传球方式比较难掌握，并且弧线越长越难控制精确度，技术难度较大。

脚内侧传弧线球

这种传球技术跟上面所介绍的内侧推球是不一样的，脚内侧弧线球能够在远距离和近距离传球中发挥球的旋转和弧线，这种动作的适应性很强，能够在比赛中灵活运用也会是一招必胜法宝。

首先作为弧线球，这种球在离脚的时候需要有很高的旋转，所以就需要踢球脚在踢球的时候有一个由内向外的削球动作。以右脚踢球为例，用右脚的第一指节即脚拇指和脚的内侧的前部分来触及球的右中部，这样施加适当的力，就能够保持球在飞行时向左旋转，并且让球沿着我们所需要的弧线飞行。触球点应该在球的中部，这样能够保证球向前飞行。

在这种弧线球的技术动作中，左脚应该与球相距 20 ～ 30 厘米，并且支撑腿应该微微弯曲，这样将重心落在支撑脚上。

还是沿用弧线球的方法，在球飞出前，目光向下看，瞄准击球位置，出球之后观察球速和弧线，直到球完成弧线轨迹。

优点及缺点：在正面的对方球员能够被弧线躲过，这种技术也能够适应短距离和长距离的射门，如果能够在触球时，有选择地将触球点靠水平线下方，那么球飞起的高度将会增加几十厘米；并且脚内侧传弧线球能够使球产生比较大的飞行弧度，并且相对脚外侧弧线传球，脚内侧传球更容易控制。而缺点在于，这种弧线球所带有的旋转会让队友在配合接球上有些困难，因为飞行的球有很强的旋转。

高吊球

高吊球分为三种，这种技术能够利用敌方防守队员后方的空隙，将球送过其头顶。高吊球所使用的技术分为三类：大力高吊球、搓球以及凌空球。在这里我们主要介绍前两种。

大力高吊球的技术要领主要分为两种，一种是击球点在球的中底部之间，并且使用脚尖击球，而另一种高

吊球要求我们用踢球脚去扫击球的中底部。并且在助跑角度上也有不小的差异，第一种吊球在方式上采用较小的助跑角度，而扫击球的方法就需要我们去采用较大的助跑角度，这样使我们的身体在击球时随着惯性有一定的倾斜。

这两种技术的支撑脚在距球的距离上有明显差距，第一种脚尖触球要求我们支撑脚在球靠后一点，而另一种扫球的技术就要求我们支撑脚离球 30 ～ 40 厘米。

优缺点：大角度助跑高吊球能够将球传到很远的地方，一般会超过40码，但是球的旋转方向并不尽如人意，会采用后旋飞行，进而减小了球的运行速度，而且球会飞得很高，球速较慢，会给对方球员更多的应对时间。

小角度助跑的高吊球，同样具有将球带到很远处的优点，并且在其基础上能够根据其较低的高度快速到达我方队友跟前。美中不足的是，由于缺乏旋转，球在踢出之后不会明显上升很多，并且球在落地之后会继续向前滚动，这就要求我们的队员有更好的对于力道和球飞行距离的掌控。

搓球

这种传球方式通过我们用脚猛力踢中球的底部，或者用脚插到球的下部，这样使球产生很强烈的后旋，并且会升起一定的高度。

支撑脚在搓球技术中所占的技术成分比较小，主要是身体稍微前倾，在球后方处，并且让踢球脚有一定空间加速搓球。

优点及缺点：能够让球快速飞起，并且强力的后旋能够帮助我们更好地控制球速，让快速停球能够运用在球场上，在球飞起的过程中能够帮助我们灵活地越过前方的对方球员。不足的是，这种传球的距离较近，球在落地之后的减速会让在球后的队员控球困难。

传球与团队合作

❖ 传球技巧

在前面我们介绍了相当多的传球方法以及所延伸出来的一些技巧，碍于篇幅并没有全部给大家介绍和描写出来，但是上面的很多技巧能给我们带来很大的启发。可是如果没有一个高超的技术是不可能完成这些传球和运球的动作的，同时我们也应该明白足球是一个队伍的比赛，我们个人是怎么在球场上跟团队合作带动场上节奏的呢？最简单的方式就是传球。

做出有效传球

如要进行准确有效的传球，我们需要了解一个精妙的传球所必须具有的三个特征：

灵活规避对手

作为一方防守队员，很多人都会去预测进攻选手的动向，但是进攻队员就要反其道而行，要防止对方预测到自己的行动，通过假动作和与队友配合来掩盖自己进攻的意图。这其中所要达到的目的就是两方面：创造进攻空间以及传球角度，总的来说就是四个字“声东击西”。

传球时机

在我们传球时，一个好的时机是决定一次进攻或者防守的关键。假如你出球太快，就很有可能出现一些不希望出现的结果。比如，我们在最适合的传球角度和进攻空间创造出来之前就把球传出去，导致进攻受阻。而我们传球很慢，

会延误进攻的时机，也会使对方球员及时封锁了我们想要进攻的区域和传球的路线，还可能会由于时机错失导致断球或者让自己处在不利的位置。

首先我们要在比赛时权衡全场的形势，然后对于队友的能力也要有足够的了解，进而完成战术部署。在球场上，传球能够更好地发挥个人和团队的优势和能力，一个团队拥有好的传球接球意识和能力，就会对对方形成势如破竹的进攻，也能展开坚如磐石的防守。在比赛中的传球需要我们注意场上的动向，做到眼观六路耳听八方，如果队员一直看自己的前方会错过后面队友的支援，也可能会被对方球员抢断。并且除了这些之外，我们的球员应该在球场上保持良好的心态，如果没有一个放松的心态，那么很可能会浪费掉很多进攻时机。

在队友的位置上，我们不但需要观察他们的大致位置，而且要判断哪个同伴是最容易接到球的，并且能够进行有效的应对，结合场上的形势，我们传到队友脚下的球最好能够瓦解防守队员的围追堵截，这样才能够发挥出更大的优势。

在对方球员的位置上，对于控球队员影响和干扰最大的就是第一防守队员，如果这名防守队员所处位置正好挡在了其向前进攻和传球的路线上，那么我们可以选择带球或者将球传给有更好传球位置的队友。当对方的防守人员疏于对你的防守后，你可以选择进攻或者进行传球配合。

当然很多时候，对手也是很优秀且值得尊敬的。在防守队员位置和动向的选择都非常到位，而我方没有进攻队员处在十分有利的位置上时，负责进攻的队员就要记住，防守队员会对球的移动做出相对的反应，这时候我们可以采用一些战术来迷惑对方。如果能够准确牵制对方或者带动对方的走位，并且有效地利用这些机会，会出现合适的传球时机，转移进攻点，这样防守队员就会被我方牵制住，不断进行应对。

球员要清楚自己所具备的技巧和能力，球场上最冒险的行为就是去展现一种自己没有完全掌握的技巧，但有时，这也许会改变场上的形势。所以说两者之间的利弊就要求队员自己去

权衡。对于一场球赛来说，球员不适合去尝试自己没法完成的动作，但是在必要的时机面前，就应该去最大限度地挑战自己的极限，把自己没有掌握的技术动作完成到最大限度，也就能够在球场上发挥自己的最大价值。

传球的力度和速度

很多时候，我们传球的力量不足，就有可能被对方球员在传球途中抢断，或者传不到位。传球时使用的力道过大，也会给队友带来麻烦，反过来看，队友越麻烦对方就越有优势，也就为对方提供了更多抢断和防守的机会。从此就能够看出一个高质量的传球不但需要审时度势地去选择时机，更需要我们更好地积累传球经验把自己的传球做到尽善尽美。

❖ 技术训练中多注重团队意识的培养

球员之间良好的交流能够为团队合作起到促进作用，并且能够提高队员之间的相互学习热情。在训练和平时运动的时候，应该有同伴与之同步进行，这样能够增加彼此的默契程度，也能够锤炼自己的足球技术和团队意识。在有了一定的技术基础之后，在上场进行竞技之前还需要进行很多团队意识上的训练。

在团队的训练上要更加注重小组练习，就像很多训练课程都会采用的四人传球，这样的练习能够增进球员之间的了解程度，也可以夯实技术基础。这些都会让我们的球员从训练中逐步发现团队合作的重要性，并且从中学习到宽容与鼓励，促进团队的共同进步。

通过前面的训练，球员会很深刻地意识到，自己独立的技术是不会有大作为的，在失去团队的配合和支持下仅仅依靠自己是没有办法战胜对方全体队员的。但是同样的作为团队的组成成员，我们的技术水平也会为我们的团队带来影响。换一种通俗的说法，团队就像是一个木桶，球队成员就是组成木桶的木板，一块高度不够的木板会让桶装水很少，但一块很高的木板却不会让桶装得更多。

这其中便涉及团队中需要处理好的几个问题：

第一，球队中不应该全盘扼杀个别球员的突出表现。

在比赛中如果仅仅推崇某个人的能力，那么这就是整个球队的悲哀，一个人是没有办法战胜对方整个球队并且夺取胜利的。但是有些情况，比赛中确实需要某个人的突出表现来带动整个球队的节奏，帮助球队开展进攻，在这时个人的能力和表现就会成为比赛的看点，更可能成为球队制胜的关键。

每个人包括足球运动员都有着丰富的表现欲，都希望在重要的场合表现自己的能力，在比赛中适当的表现是可以被允许的，也不应该去过多地责备他们。团队的精神是凝聚力的产生源头，也是团队通力合作和相互信任的基础。如果一味保守，不让每个球员发挥出自己应有的水平和特点，那么球队的凝聚力就会大打折扣。

第二，能够帮助球员认识自身的优势和球队需求间的关系。

在一个成熟的球队中，会通过精心设计的训练，为球员间建立起非常优良的合作关系，并且能够针对个人的特长给予发展。这样能够做到每个人都能够在团队中有足够清晰的站位意识，能够知道自身在团队中处于一个什么样的位置，让球员更好地了解自己在球队中能够发挥的作用，做到全心全意为球队

服务，充分实现自身的价值。

运球规范动作

运球可谓是足球运动中的重中之重，每一次的进攻，每一次的防守都需要我们用运球去进行铺垫。作为足球技术中的基础，运球是我们在跑动的时候，使用脚的各个部位对球的推拨，从而有目的性地使球保持在自己能够控制的范围内而做出的连续触球动作，是我们进攻和防守所必备的手段。

运球时，由于运球脚完成拨球动作时，破坏了我们跑动动作的连续性，这就会对我们原本的跑动路线和速度产生较大的影响。所以，当比赛中需要快速运球推进，前方又没有对手阻挡时，我们可以将我们的跑速和拨球的力度加大，这样跑一定距离之后再去拨球能够大大缩减进攻时间，能够做到球和人同时加速。

❖ 常用运球技术

脚内侧运球

这种运球技术要求我们在运球时，始终保持支撑脚在球的前方，在前进的时候，我们要尽量保持肩部在运球的直线上。同时我们的重心在支撑腿上，运球腿提起、屈膝并且用脚内侧来推着球。前脚推球之后落地，整个过程身体前倾，完成动作之后身体回到正常的姿态，即面对球奔跑。这种运球方式的缺点就是运球不够快，而优势在于能通过身体的前倾把对方防守球员和球隔开一定距离，能够运用在运球时的配合上，或者作为在对方近身抢断时的护球手段。

脚背内侧运球

跑动时稍微降低速度，将身体微侧，肩膀略有提起，整个上身保持前倾姿势，将运球腿屈膝提起，并让脚背内侧面对球，向前推将球推走，让球随着身体的前进而前进。与脚内侧运球有所不同的在于：脚内侧运球会把支撑脚放在球前用作隐蔽和掩护，而脚背内侧运球的支撑脚要放在后面并且起到一个带动身体的作用。

脚背内侧运球需要在一个稳定的速度下进行，这就让这种运球技术本身存在很大的约束性。但是其优势在于能够将重心很快地转移到踢球脚上并转动支撑脚，这样就能够完成支撑脚一侧转动，所以这种运球技术很多情况都用在了过人的转动变向技术上。

脚背正面运球

做此项动作的时候，需要保持我们在运动行进中的正常跑动姿势，上身略微向前倾斜，带球时因为会受到球的阻碍所以

步幅不宜过大，在触球之前，踢球脚要抬起，脚尖指地面，用髋骨和大腿向前送球。这种技术能够帮助球员在比较快的运球中保持匀速，也被看作是场上运球的基础动作，是在没有对方球员阻挡或者需要快速进攻时的最佳选择。

脚背外侧运球

和脚背正面运球的动作一样，脚背外侧运球同样要保持正常的跑动姿势，唯一不同的就在于脚尖上的动作，脚尖要向内旋转做准备，在踢球脚落地的瞬间，快速地用脚背外侧去扫球。具体触球位置偏向球的下半部。在脚背外侧运球的时候，因为出脚速度会保持着自己本身的运动速度，所以运球更具有灵活

性。跑动时，脚腕能够在此动作上改变脚背而改变运球的方向，这种灵活的技术也能够作为防守和面对对手时掩护之用。

其他常用运球技巧

拨球

在面对对手的时候，较为静止的条件下，用脚踝很快地多

方向转动，能够通过脚背接触球将球拨向我们进攻或者虚晃的方向，并且在球拨出之后，身体跟上并再次推球，这样的两次触球能够利用我们的触球点或者推球方向的不同迷惑对手来绕过对手。

拉球

当我们进行近身对峙的时候，经常会遇到对方球员离我们太近，使得球很容易被对方出脚抢断，这时候我们就需要拉球技术来挽回我们的抢断危机。将我们的前脚掌放在球的上方压住，而我们的支撑脚负责承担我们的重心，等到对方球员有抢球的意识时，用前脚掌或脚尖将球向后或者向侧面用力拉回。这时候，如果对方球员进行抢断多半会因为我方使用的拉球技术而重心前倾，这时候我们可以带球往对方球员重心后方前进，或者选择传给队友。

扣球

扣球技术与拉球类似，但是这种技术要求球员迅速地停球并转向，也可以说这是拉球技术的延伸或者是特殊化，作用大体相似。

挑球

在处于进攻状态或者对方球员跑动抢球时，我们可以在对方球员抢球的时候用脚背将球挑起一定的高度，这样让对方球员没有时间反应并且失去重心，从而进行摆脱。一般这种情况也可以和拉球一起使用，因为拉球动作向下压球会带给足球向后的旋转，这时只要轻挑足球就会达到挑球的效果。

颠球

这是在足球场上比较难控制但是却很有用的招式，这种有风险的技术要求我们能够准确预判球的落点和弹起时间，能够让球飞起而使对方球员错失抢断的机会。

过人摆脱技术

前面所介绍的都是运球的基本方式，当我们真正对这些技术熟络了之后，在面对敌方球员时就会增添一份底气和自信，但是仅仅使用这些招式是不够的，只有学会诱导对方出现漏洞，然后见招拆招，才能够做到收放自如。

快速强行过人

当我们的控球技术不是十分熟练时，不妨试试用大力的推球和快速的步伐来出其不意地绕过对手。这种方法原理简单但是需要有几个必须的条件：对方身后没有其他的防守队员，并且其身后有足够的空间让我们甩开对手。当我们的对手上前准备实施抢断时，或者在跟对手对峙的时候，我们都可以突然发起快速进攻，这样的技术主要还是利用对手的反应空隙，或者对方的重心不稳无法跟上。

回形过人

在我们跟对手互相靠近，有时因为惯性的原因没有办法去改变运球路线而必须直面对手时，并且距离对手有大于一个身位的距离，这时候我们就需要将球速降低，在对手身前利用自己的身体作为屏障，防止对手用脚铲球，在身体挡住对手时，我们需要快速地在对手反方向上拨球把球绕到对方身后，这样经过身体的掩护，球顺利地运到对手身后完成过人。回形

过人技术首先需要我们有能力不被对手挤开而丢球；其次，能够控制对方的视野和下脚的空间，让对方没有办法干扰我们带球；最后，我们在转身过人的时候，需要将重心偏移，使球能够围绕一个较大的回形来躲避对手的干扰，所以在转身时我们可以合理地抓住对方的手肘部，以防止出现对方撤走的情况。

快慢运球过人

当我们所面对的防守队员在我们的侧面，并且球跟对方球员在我们不同的一侧，这时防守队员会处于一个被动的状态，

我们可以根据他们在反应上的时间差而采取快慢运球过人。这种技术在实战中运用的条件就是对方处于一个被动观察我们的状态下，利用其反应与我们的运球上存在的时间差。除了了解使用的情况之外，我们本身的运球技术也是过人的关键，因为在快慢速运球时，我们需要有很好的控球能力来保证球能够按照预想的速度滚动，真正地去深入了解球的动向，让球随心动，心动人动。

穿裆过人

在足球比赛中时常会出现一种比较花哨的过人方式，也就

是穿裆过人，这样的过人主要是对方球员双腿之间的空间较大并且重心处在两脚中间，我们应该在对方防守队员比较懈怠的情况下去使用这种技术，因为其反应越慢就为我们去接应球提供了越多时间。当我们使用穿裆过人时，首先对方身后应有足够的纵深，或者对方后面没有其他防守队员接应；其次，如对方没有将双腿分开使得我们无法推球绕后，那么可以使用假动作做出向侧面运球的倾向，引诱对方出脚，这样我们就可以将球推过对方的身后，并且我们还可以使用脚内侧传球技术，利用身体的阻挡，用另一只脚的内侧去踢球，这样既结合了脚内侧传球技术的支撑脚在前的优势，也能够发挥出我们穿裆过人的机动性。

人球分过过人

当我们在跟对手对峙的时候，对方会出脚来抢球，我们可以利用其注意力高度集中，在人球分过时所需要反应的时间来攻其不备。每当对手抢先出脚去抢断时，运球方的球员可以将球推出到对方球员的身后，由于对方球员在落脚时重心也会跟着前倾，要花上一秒左右的时间去抵消这个惯性，这时候就可以利用我们灵活的速度从反方向去包抄接球。同样这样的过人需要一定的技术手段和时机的判断，如果我们能够利用上前面所讲的脚外侧弧线球技术，便能够让球进行内侧弧线滚动，这样也会防止对方侧面的球员协防，而且能够缩短我们人球分过的时间，将风险降到最低。

假动作过人

这种过人技术算得上是在各类运动中运用最广泛的一种技术，此技术是利用人体上肢或者躯体的晃动，造成对方产生错误的判断并出现重心的偏移，在制造出时机的瞬间向另一方带球并绕过对手。

当然这种技术不是说说就能够实现的，我们还需要一定的准备：

观察好对方所处的位置，还有其重心的偏向，为假动作和突破做准备。

掌握过人的时间点，不要错失良机。

掌握假动作的距离，如果离得过远，对方就不会被假动作所迷惑，反而会被看清自己的动向。

快速巧妙的抢断

抢球动作是一个根据规则延伸而成的一种技术，本身具有很强的灵活性。在规则允许的范围内我们可以采用很多种方式去抢断对方。在比赛中进攻的

战术有很多种，相应的很多防守战术也应运而生，其中抢断技巧也占了很大一部分。

在施展抢断技术的时候我们还是要了解抢断技术的动作结构：

选择站位

在进行抢断时，我们需要调整自己的位置以便能够观察运球选手的动向。作为抢断技术的动作结构组成之一，站位更是作为抢断成功的一个先决条件，在对手没有失误的情况下，站位明显能够把抢断成功率提高到一个满意的程度。有时候，在站位过程中我们并没有发现对手的运球有很大的破绽，这时候我们可以利用站位来引诱他们往我们需要的方向运球，然后再去实施抢断。

时机选择

在跟对手对峙的时候，我们想要抢断就必须需要一个契机，去发动进攻。但是这个契机形成的前后动身都会对抢断的结果产生不利影响，所以说这就需要我们看准对方的动作，抓住时机毫不犹豫地进行抢断。一般出现时机的情况大致分为两种：第一种，对方球员试图绕过防守队员的身体一侧时，这时在运球者的踢球脚触球之后会出现一个很短暂的时机，落地之前会进行重心的转移，这时候球在我们身体一侧，只要能够抓准时机，利用一些运球的技巧将球抢断并不是难事。而第二种情况就是在于对方传球和接球间的抢断，这种情况下发生的抢断往往最多，主要原因是球处在固定的运行路线上没有人来控制，这就为防守方提供了很好的抢断机会，这种抢断主要在于传球后和接球前。这种类型的抢断需要我们有很好的站位，能够预判球的传向，能够掩饰自身走位也是成功的一大助力。

迎面抢断

在我们面对着运球球员，他们也直面我们，这时他们所需

要做出的判断就只剩下两种：一种是运球从侧面绕过我们，另一种传球给其他队友。当对方选择从侧面运球时，我们就需要很快降低重心，向前跨出一步并且重心随之转移，将球拦截下来，并且身体果断前倾向前奔跑或者用身体挤靠对手让其失去支撑。如果在迎面抢断时对方已经发现了我们的意图并出脚阻拦时，我们可以将触球脚放低或者用脚尖稍挑起球，这样让球飞过对方出脚脚面，然后身体跟上摆脱对手。这种过人方式对于防守方和进攻方都是一种心理上的挑战，我们要冷静地面对对方，稳定发挥出自己本身的实力。

侧后方抢断

在我们跟对方进攻选手并肩行进时，我们可以抓住对方球员运球的间隙，快速出脚将脚伸在球和对方球员的脚之间，然后用上身挤靠对方，让其失去重心支撑并获得有利的抢断位置。这个过程需要我们能够抓住对方运球的漏洞或间隙，能够有效利用爆发速度去干扰对手的行进，最终完成抢断。

背后抢断

这种技术也被称为铲球，当我们被动追击对手时，我们只能从背面去抢断对方，并且对方选手挡住了我们出脚的路线，这时候我们就需要用背后铲球去破坏对方的运球以抢断。

在背后抢断时我们在其后方的一侧，位置大概距运球队员

一米，这时我们触球脚伸出，脚尖指向球，另一只脚大力蹬地将身体向前送去。脚触球时可以采用脚尖和脚背，而触球也可以挑、推、铲。在铲球后身体依次按照下肢、臀部以及上肢的顺序落地以防止受伤。

后续动作

当我们进行抢断时，很多情况都需要我们很快地加速和利用爆发力使对手措手不及。但是短时间加速会让身体具有很大的惯性，在抵消掉惯性之前这段时间我们需要做好动作的衔接，保证我们身体能够回归到原本的运动状态和身形。

漂亮的头顶球

在我们平常观看精彩的足球赛事时，经常会被一记头球进球给惊艳到，但是头球技术并不是想象中那样简单，每一个动作都要经过非常严格的训练。足球在空中飞行，我们跳起头球是对足球原本运球路线的优化或更正。虽然看起来头球仅仅是球员用力地用头顶球，但是其所展现出来的技术却没有看起来那样简单。

头球技术的动作分析

头球技术的种类主要以顶球时运用头的部位来区分。虽然正确的头球方法仅限额骨正面还有侧面。但不同的头球技术又有

着不同的准备动作，所以可分为原地头球和跳起头球，跳起动作又有着单脚和双脚之分。头球之后球的方向会发生改变，进而又分成三种、四个方向的头顶球技术。

前额正面顶球

人的前额有着坚硬的头骨，并且前额的面积较大，也没有较脆弱的器官，眼睛就位于前额下方，正面的前额头球能够很好地观察球的动向并有效和准确地顶球。

在顶球前应该选好位置，调整身体方向使身体正对来球方向，两脚略微分开与肩同宽，膝关节微屈，重心放在身后，两眼密切注视球的路线，并且判断出球的大概速度。做好足够的顶球准备后，上体后倾、身体重心处在平衡状态，在球接近时后脚迅速蹬地，身体随着腰的带动从后向前摆动，在即将触击

球的刹那，两腿紧绷用力蹬伸，以颈部的力量快速摆动主动迎击来球。击球时，颈部肌肉保持绷紧，球被击出后两眼注视出球方向。

跳起顶球

跳起顶球也有着细微的差别，分为原地双脚起跳顶球和单脚起跳顶球还有鱼跃顶球。

身体正对来球，两脚间距在一脚左右，膝关节微屈，稍前起跳时，两臂由后向前上方振臂，身体呈弓状弹起，两脚随上身借力用力蹬伸，起跳时身体舒展，将腹部绷紧，挺胸，双手垂在身体两侧，准备顶球时，身体成背弓，在球到达我们预想的位置时，迅速收腹，上体前摆并用额头击球，用前额正面将球顶出，顶球后腰部稳定重心，屈膝，安稳落地。

单脚起跳顶球

因为单脚的力量可能不足以完成我们的滞空动作，所以在起跳时可用 3—5 米的助跑来加速，并且助跑过程中密切注视球的路线变化，起跳时，单腿迅速蹬地，另一腿屈膝上摆，两臂自然上提，跃起在空中，成原地顶球预备姿势。顶球动作跟前面的跳起顶球基本一致。

鱼跃顶球

在很多情况下，防守队员为了去扑救门前球，用体长的优势去顶距离身体较远的平直球，运用的就是鱼跃顶球技术。

判断好来球的路线和选择好顶球点后，以单脚或双脚的脚尖蹬地，让整个身体带有很快的速度前进，两臂应该向前略微伸展并做好落地准备，目光注视球的行进从而调整身姿，利用身体向前跃起的冲力，以前额骨正面将球顶开。在完成顶球动

作之后，身体成背弓形，两臂屈肘前伸，两手缓解惯性和压力，然后以胸部、腹部和大腿依次着地。

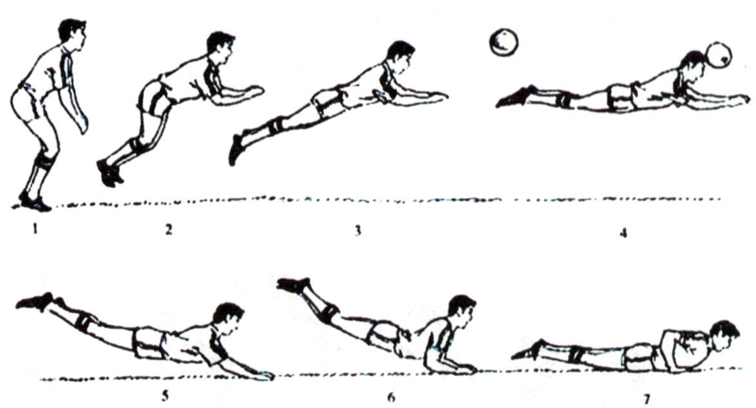

前额侧面顶球

我们的头骨基本上是一个球形，所以作为头骨侧面的额骨也有一定的弧度，侧面顶球就是使用额骨两侧来击球。额骨侧面虽然坚硬，但不平坦，接触面也不大，又在两眼的侧前方并且紧挨太阳穴（人

体较脆弱的穴位），因为我们在用力时主要是颈部在发力，所以击球的力量很小，仅适合用头球改变球的方向而不适合回击。在多重限制之下，侧面出球在力量和方向上都难于额骨正面顶球，但其优点在于动作灵活多变，随心变换方向，特别是在门前传中球射门时对防守方威胁更大。

原地顶球

双腿分立，向出球方向迈出半步，迈出脚脚尖向内靠拢，两膝微屈，身体重心放在后脚上，上体和头稍向异侧倾斜并转体约 45 度，两眼斜视来球，两臂自然张开。顶球时，后脚蹬地，上体和头向出球方向迅速扭转，屈体甩头，在与出球方向同侧肩的前上方，用额骨侧面顶球。

跳起顶球

一般用在跑动中单脚起跳头球。起跳动作与前额骨正面顶球的单脚起跳动作相同。在跳起过程中调整身体角度侧对球路，

在跳到最高点顶球时，急速转体、甩头，用额骨侧面将球顶出。顶球后调整重心，双腿微曲落地。

关于额骨侧面头球这里还有几句口诀：

出球方向先确定，上体和头稍转动；

转体甩头要并齐，侧额击球底部起。

除了上面介绍的动作以外，还有很多特殊情况的头球，比如，向后蹭头顶球、头顶顶球等。

判断与选位

头球除了要掌握技术要点，我们更要掌握一些能够决定头球成功率的因素。

判断与选位是正确完成头顶球动作的前提。位置的选定会直接影响到顶球时间、方向、力量和准确性，而判断是我们选择头球位置的依据。两种因素彼此关联，在选择头球的站位时我们对球的运动路线、弧度要进行敏锐的观察，观察之后才能够做出准确的判断。选位时我们要观察场上的局势和球的路线，选择相对有利的站位。选位的作用就在于既能帮助我们完成头顶球动作，也能够完善我们的进攻路线。球的飞行路线因为不同的情况也会出现多种多样的弧线，在选位时应适当调整身体姿势，如腾空跳或屈膝下蹲。

蹬地与摆动

蹬地在顶球时有两个作用：一是利用我们双脚的力量伴随腰部力量，让身体快速跳起；二是通过单脚或双脚有力后蹬，产生很大的力量使身体摆动，从而增大头部击球力量。摆动会让我们在头球时将球击得更远，利用双脚蹬地的反作用力带动上身摆动，同时头部接力摆动击球。这种方法能够充分发挥腹背肌肉的力量，使头部在击球前获得一定初速度，增大头部击球的冲量。在无法原地助跑时向两侧顶起或在远距离传球和射门。这种方式能够集中利用我们腰腹部侧面的肌肉以及颈部肌肉的力量，快速地发力敲击来球，这种方法不需要过多准备，顶球动作简捷迅速，能灵活地掌控方向。缺点是力度不足，多用于短传、近射，在变向顶时起到“摆渡”效果。

时机与击球部位

顶球时往往是在跳起的瞬间便完成了头球动作，这样一来顶球的时机就变得尤为重要了。在时机的选择上我们通常认为

当身体前摆即将恢复到直立状态时击球较为合适。因为此时身体摆动的速度达到最快。当我们在头顶球时击球点不同也会产生不同的影响，主要归纳为：击球底部球飞起，击球上半球落下；击球侧部能变向，击球中部会平飞。

头顶球技术错误及纠正

（1）顶球时闭眼或球与头接触的部位不对

纠正方法：闭眼是恐惧心理和条件反射所致，练习时可采用一人用球轻轻地触击前额的顶球部位，并且通过自抛球体会顶球感觉触球部位，通过锻炼顶吊球来克服恐惧和改正顶球时的错误动作。

（2）顶球时缩头、耸肩

纠正方法：缩头是不敢主动迎击球，可多做无球练习，着重颈、腰、腿协调用力，之后用轻力量的抛球练习。

（3）球顶不远、无力，只用颈部力量

纠正方法：要多练习腰腹肌力量。特别注意：蹬地、收腹、甩头同时用力地练习。可坐在地上练习顶球。

（4）跳起顶球或跑动顶球时，时间掌握不好

纠正方法：多练顶挂在高空中的球，体会跳起时间。

（5）侧额顶球时容易顶在头的侧面

纠正方法：练习养成甩头顶球时，眼睛往出球方向看，多练吊球，体会动作和击球部位。

防不胜防的假动作

❖ 假动作基本介绍和技术发展

现代足球中，在运球进攻中为了能够传球、射门，在被动防守时能够截球、扰乱对方战术，我们的球员需要掩饰自己真实的目的，这些目的就催生了各种利用假象调动、迷惑对手的技术，造成对自己有利的形势，从而为进攻或者防守赢取时间、空间位置的优势，达到自己真实动作的意图。

假动作在足球中最广泛的定义为：球技中身体各个部分的虚晃，包括眼神、速度以及变向动作。其最主要的表现是运用假象去调动迷惑对方球员，完成自己真实的目的以战胜对手。

假动作能够运用在无球时候，真假结合地运用突然启动、突然变速变向摆脱对手的看守。

防守时也能够用身体的虚晃、变向动作来完成抢断任务。在运球过人中真假动作早已成为现代足球不可分割的一部分，动作中真真假假，难以辨认。

现代足球随着球员和教练的水平不断提升，观众的口味也逐渐提升，一场精彩的比赛就更要求球员有出色的表现，足球技术和战术不断改进和提高，我们的规则也在逐渐完善，这些都让足球更加具有号召力。作为足球运动中一种活跃的技术，假动作也有了以下几方面新发展：

（1）运动员在带球行进时，面临对手能够在极短的时间内，完成一套很纯熟的假动作，假动作的运用能表现出整个球队以及个人的实力，并且能够提高整个比赛的观赏程度。

（2）可以运用急速启动制动的假动作技术，将防守队员甩开并与队友快速会合，有助于完成队友间的配合，并且能够体现出团队间的默契。

（3）在当今世界高水平的比赛中，各队在熟知对方的战术、

技术等情况下，采用多套战术和阵型的变化，用真、假战术来完成本队的进攻与防守。随着生活水平的不断提高，人们的身体素质也在不断提高，运动水平及运动能力的提高，也是促进技术、战术提高发展的一个重要因素。

动作要领

传球前：在传球之前，我们为了引诱挡在传球路线上的对手离开，就可以利用假动作欺骗对手，虚晃传向另一侧，而当对手判断去围堵另一侧时，可以将球路改变将球传向真实想要传出的方向。

接球前：在接球时，我们可以运用无球假动作技术将身旁可能对传球造成威胁的对手晃开，具体做法可以向某一侧做接球动作，当对方重心转移后快速变向从另一侧去接球。

当我们要接到的传球来自高于胸部以上的吊球，对手会贴

近，意图在我们接球之后直接断球，这时候我们可以利用假动作模仿头球的姿势，让对手远离自己去预测头球的落点，而我们就可以在球传来时用胸部将球接下，反之也可以装作胸部停球，而真实动作改用头部传球。

运球过人

虚晃过人：当我们带球面对对手，而对方又逼近得很近时，这样我们可以让身体或者腿向一侧虚晃，引诱对方向着我们虚晃的方向重心偏移，而在同时用另一只脚将球拨向另一侧并且身体回位向另一侧行进。

制动再加速过人：当我们带球快速行进时，对方防守队员在我们一侧紧追不舍，当对手跟我们几乎处在一条肩线上时，做出一个紧急制动的动作，当对手发现我们减速时便会紧急地停下来，这时候利用对手的停顿重新加速向前运球，从而将对手甩在身后。此种技术多利用于边线冲锋被夹在边线边缘时的突破。

脚步变向过人：当防守队员在我们侧后方进行紧跟防守时，我们运球向着防守队员异侧伸脚跨过球，从而利用身位诱使对方去另一侧堵截，在对方被假动作所引走之后，用出脚将球拉回，进而改变方向运球甩掉对手。

双脚内侧触球过人：当我们迎面对上防守队员时，运球队员用一只脚内侧向其内侧运球，引诱对方上前拦截运球路线，在做出假动作运球之后，迅速变触球脚为支撑脚，而用另一脚的内侧向着前方异侧斜推球而出，或者将球推过对方胯下，紧接着利用对方转身或者重心不稳的时机快速从对手侧面接球绕过对手。

抢球技术：假动作在防守时，能够让我们在面对对方运球队员时不再被动去等待对方做出反应，而采取主动露出破绽，让对方以为防守存在漏洞，而想要去突破这片区域，而我们就可以将对手的动作看得一清二楚，从而能够有目的地抢断。一般在快速运球时，迎面对着运球队员，我们可以看准距离采用假动作猛扑过去，并且利用

对方快速运球惯性较大停球重心不稳时，转身将对方拨出的球夺下。这种技术对于距离掌控有严格要求，过近使用会让对方绕过

我们，而距离较远时猛扑会让对方识破。

假动作技术可谓是影响最为广泛的运动技术之一，在很多运动中都能够看到其身影，为了能够明确地分析其结构，我们这里从实施和连接动作来进行概括和总结。

实施：比赛中的假动作需要我们的临场素质过硬，能够在紧张的比赛中冷静地判断出假动作运用的时机。就比如我们在运球过人当中，我们要分析防守队员的弱点、场上局势、队友分布以及自己的运球技术来选择最有效的假动作过人技术并付诸实施。有时候一个假动作的失败并不意味着我们就失去了进攻的机会，假动作的使用并不限制次数，当我们多次使用时往往能够收到意想不到的效果。

连接动作：当我们实施了假动作的前半部分之后，对方由于我们做出的动作产生重心偏移，这时就要迅速地实施真实意图。而当对手识破我们的假动作并没有对我们的假动作做出重心转移，那么我们就可以继续将假动作作为真实意图来实施，从而达到真假难料的效果。

精彩的界外球投掷

❖ 界外球的历史

界外球是当球在比赛时由于运动员的原因越过边线，按照规则所采取的双手掷球入场的规定动作。并且规则规定，运动员不必考虑接到界外球时的越位风险，这就大大地增加了界外球的看点。

其实到今天为止，界外球已经发展一百多年了。在最早的界外球出现时，那时比赛中球如果出边线，双方队员都可以去抢，并且先抢到一方队伍球员就可以在边线处用脚将球踢回场内。但是这种情况会在球出界之后造成短暂的混乱。

1863 年第一次规定，球被对方球员碰出底线由本方投掷界外球。

1882 年，这种规则产生了一场闹剧，当时的球员在投掷界外球时，直接用单手将球摔进对方球门，这在当时被判成有效得分。在当年年底，有关足球组织就更改界外球为双手投掷；此外，直接进球是要作废的，并且由对方发球门球。

之后又将规则改变为双脚不得离地。此后这些规则一直持续至今。

❖ 界外球的发球规则以及违例情况

投掷界外球时，选手双脚不得离地，并要用双手将球由头后将其经过头顶传进场内。在投掷过程中，不允许出现停顿和

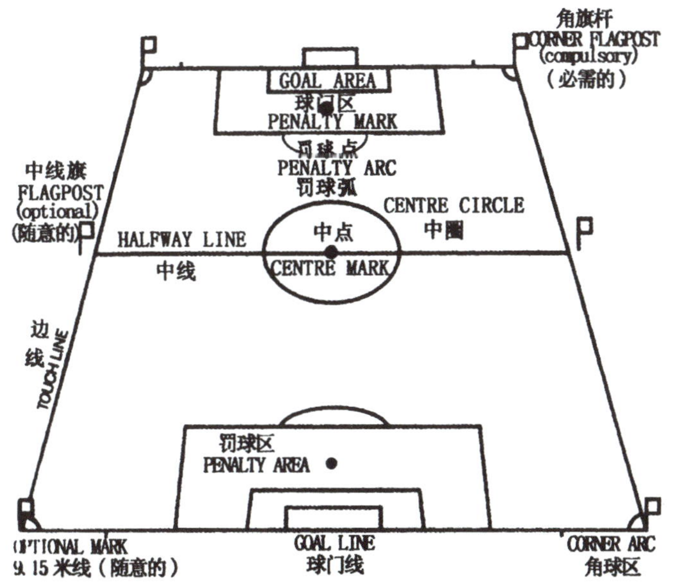

假动作，必须是一个连贯的动作。投掷界外球时，除了双脚不允许离地之外，双脚不得触及场内（可以踩线）。球掷出之后，掷球队员不得作为第一个触球球员。当界外球掷出后没有球员接触，而直接进入对方球门，则视为违例，进球无效并由对方发球门球。

掷界外球被视为违例的几种情况：

没有在球出界处发球；

单脚甚至双脚踏过边线进入场内掷球；

脚离开地面；

球没有经过头顶进入场内；

掷球时动作不连贯，有明显的停顿；

投掷界外球时有明显双手用力不均，一手扶球，另一只手拨球；

界外球没有经过出界位置入场；

界外球发球后没有受到双方阻挡进入对方球门。

❖ 两种常见界外球的投掷方式

界外球的投掷一般分为两种方式：

原地掷界外球

掷球队员站立面对掷球方向，双脚站立约与肩同宽；屈膝、身体后仰；双手微张，拇指保持相对持球；屈肘将球置于脑后，并沿脑后向前掷出，在掷球时，双脚用力蹬地，身体按照摆体、

挥臂、抖腕的顺序迅速地将球掷出。整个过程要求球员从蹬地开始按照从下到上的顺序发力将球掷出，整个动作大体的动作要点分为：重心移、蹬地、挺胯、挥臂、抖腕以及拨球。

跑动掷界外球

在投掷界外球时，经过助跑的加速会让掷球范围更广。助跑加速之后，垫步的同时双手将足球举过脑后，在最后一步迈出时，后脚蹬地，与前脚合拢，标准动作与原地掷球一样。由于界外球能够让接球队员不会受到越位的限制，这就给掷界外球带来了更多的看点，从原来恢复比赛的辅助手段跃然成为进攻良助。进攻方在前场距球门 30 米左右的距离发

掷界外球，将球投掷到门前对手身边，能够为进球得分创造很好的条件。

❖ 规则演变出来的新技术——手翻式掷界外球

在近几年，国内外球场上出现了一种新兴、高难度、效果显著的掷界外球技术，这种技术被叫作手翻式掷界外球技术。目前已经有少数的运动员能够适应并掌握这种界外球技术，这种技术的优势在于能够很轻松地将球抛出 40 米甚至更远，从这种界外球的射程上就可以看出这种技术的“杀伤力”有多么强。

虽然有一定的优势，手翻式掷界外球还是需要遵循基本规则：双脚不得离地；球员必须面对出球方向；还有球必须从脑后经过等。只有在符合了基本规则之后，手翻式掷界外球技术才能够得到正确的使用。

与前面我们介绍的两种常用的界外球投掷方法相比，它极大地利用了惯性，让人体的力量在界外球投掷中施展得淋漓尽致。

下面我们将手翻式掷界外球动作分析给大家：

手翻式掷界外球动作主要分为五个步骤：举球助跑、屈身准备手翻、手拄球翻滚、腾空、脚落地与掷出。

手翻球在足球场上存在的具体意义：

这种看似较极限的技术能够帮助我们将界外球发得更远，优秀的发球手能够将球发过球场的一半还要多。当这种界外球投掷被运用到前场时，能够很轻松地到达对方禁区范围内，也就为进攻做好了技术铺垫。

手翻式掷球的出球路线很高，如果运用到了在对方底线附近的发球，那么其作用就相当于角球传中一般，能够增加我们的进攻位置。

这种方式的界外发球，让每个进攻球员都成为进攻点，这就让防守方被迫去拉开距离贴身防守，为进攻方提供了更多空间进攻，为防守增加了难度。

对掷球运动员的身体素质要求很高，促进运动员加强身体素质的训练。

第五章

战术是成败的关键

足球运动是一项由进攻和防守这对矛盾所组成的对抗性运动项目，该运动的取胜不仅仅靠球员精湛的球技，还取决于先进的足球战术。足球战术是指在足球竞赛规则条件下，比赛双方为了战胜对手赢得比赛，充分发挥个人与集体的特长，根据主客观实际情况所采用的手段和方法。

众所周知，作为一种竞技性运动，足球比赛始终贯穿着进攻和防守两者之间的斗争，两者之间相互依赖、相互制约并且相互渗透。换言之，足球比赛就是进攻和防守不断转换的过程。进攻的目的就是夺取主动权，力争射门得分；防守的目的就是避免失分，是阻止对方得分和抢回对足球的控制权辅助进攻的一种方法和手段。足球运动员必须要对赛场上的各种可能出现的情况灵敏迅速地做出反应，在进攻和防守之间不断巧妙地进行转换。

我们必须要明白一个事实——无论我们做什么事情都要有一定的基础做保障。同样的道理，在足球的实际比赛中，战术是以基本技术为基础的。在球队中，运动员个体首先要具备一定的水平和实力，在此基础上才有可能组织和运用合理的战术。个人的出色发挥都建立在全队球员的默契配合和恰当的战术运用之上。所以说，在足球比赛中，仅仅靠个人的单打独斗是根本行不通的，个别出色有天赋的球员如果没有全体队员们的积极支持和默契配合是不可能取得胜利的。总而言之，总揽全局、合理周密的战术才是克敌制胜的关键。

战术原则

足球的战术原则包括进攻战术原则和防守战术原则两部分。每个合格的足球运动员都应该熟悉并掌握这些原则，并加以灵活运用。

❖ 进攻战术原则

当球队的一方获得对足球的控制权之后，球员便开始了进攻战术。进攻战术中有四项原则：宽度原则、渗透原则、灵活原则以及即兴发挥原则。进攻战术最终目的是为了获得射门机会。

宽度原则

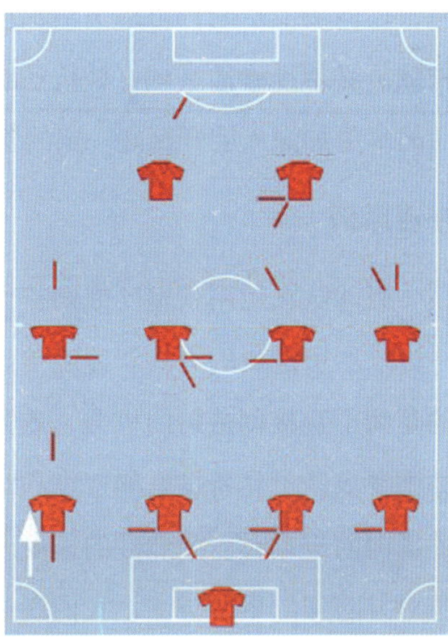

足球赛场场地非常开阔，这在某种程度上来说，对球员有一定的益处。宽度原则是指球场上进攻的一方应该尽可能地利用场地宽度，扩大防守一方的防守面积。这样一来，不仅使对方在防守上增加了困难，也为本队的进攻行为提供了可利用的进攻空

间。该原则主要应用于赛场上比赛节奏较为稳定的情况下。此时，任何场上空间都可以灵活加以利用。在运用该原则时，要求球员必须准确地掌握好横传还有横向长传等基本技术，为之后战术更加深入展开打好一定的基础。

渗透原则

当球队在运用了宽度原则扩大了对方的防守范围后，进攻一方以尽可能快的方式和速度传球渗透并把足球向前推进，目的是为了直接创造射门机会，或为射门创造有利的条件。渗透原则要求队员具备良好的速度和对足球的控制能力。当球员慢速度向前进攻时，突然性的速度改变会令对方措手不及，是渗透对方防守的重要方法。我们渗透对方的动作越早、越快，就越有可能成功。因此，在中场稳妥地组织进攻时，每位队员应准备好随时采用渗透性原则进行传球，以便创造射门的机会和条件。

灵活原则

灵活原则是指在球队进攻中被对方球员盯防时所采取的灵活巧妙地协调有球情况和无球情况下的行动。该原则表现在于有球活动时，球员的任务主要是运球为同伴创造跑位切入的空当。无球活动则是指球员有意识地穿插跑位，为无球同伴拉开空当和利用有球队员在不断地移动过程中产生的空当切入，让队员之间的传球成功率大大提高。运用灵活原则时，对足球运动员的身体素质方面要求比较高，球员要具备较快的速度和灵敏的思维。球场上的战况瞬息万变，当有空当可以切入的时候，

就需要快速启动。进攻队员必须具备上述技术、战术及身体素质方面的能力并能正确合理地执行灵活原则，才可以破坏对方的防守布局，取得控球权和传球点。

即兴发挥原则

首先，我们从字面含义就可以了解到，即兴发挥原则是指在进攻中球员根据赛场上的各方面情况，在合理的情况下临场发挥创造出射门机会，其最终目的无非在于射门得分。该原则强调的是每一个队员都应尽可能多地创造射门机会并把握住时机射门，要不然，只能是做无劳之功，不仅消耗体力，而且没有实际作用。

在激烈的足球争夺战中，战术的有效性更依赖于队员对随机出现的实际情况的灵敏反应和即兴创造力。通过这些要求，我们就能总结出：球员的正确的直觉、快速应变的思维、丰富的临场经验、本能反应等战术素养和个人天赋，是出色队员必须具备的条件。总之，最终只要能够射门就是合理的。

❖ 防守战术原则

当球队丢球之后，防守战术便即刻开始执行。丢球之后，球员必须想办法把球的控制权夺回来。所以说，防守战术在运用中有一定的被动性。防守的一方应马上控制对方的进攻并设法将球的控制权夺回。防守队员如掌握好以下四个原则，即延缓原则、平衡原则、集中原则、控制原则，便会取得比较好的

防守效果。防守战术的最终目的是重新获得控球权。

延缓原则

当球队失去对球的控制权之后，距离足球最近的锋线队员要马上采取防守战术，可以积极地上前断球抢球，阻止对方的反击，延缓阻碍对方的进攻速度，为本队的防守尽可能地争取较多的时间和机会。

平衡原则

平衡原则是指防守球员人数要等于大于对方进攻人数。每个队员都要对场上的变化做出快速的回应。在本队的一部分球员延缓对方进攻速度的同时，其他人根据具体情况和自己的位

置职能要求，迅速回防，形成纵深防守线，形成合理的整体防守布局，力争夺回控球权。

集中原则

运用该原则是在防守布局形成之后，防守队员集中注意力，时刻注意对方的每一个进攻球员，把握好时机积极主动地进行反抢。这既需要球员个人出色的技术，也需要整体良好的配合行动。

控制原则

让我们从抢球成功一方的角度考虑，当球员抢到球时，他们必然会有准备反攻和快速进攻的意识。失球队球员要抓住时机，控制好时间，限制进攻者靠近球，封堵控球者脚下球，采取抢球截球和追逼进攻者等方法，每一个防守队员都要控制进

攻者的一切行动。

战术阵型

时间在流逝，事物在发展，当然足球这项运动也在不断向前发展，其在内容、形式、赛制各个方面均有所创新和改革。足球球迷的不断增加，其影响力日益增大，球员的技术也不断地提高。在此基础上，足球战术也开始逐步发展成熟起来。

足球比赛的目的是要占据赛场上的优势，争取到主动权，并最终获得比赛的胜利。其中阵型的意义重大，它要根据两方球队的各方面情况，合理客观地分配进攻和防守力量，保证球队要达到攻守平衡的要求。还要根据球员自身的特点，充分发挥每一位球员的最大能动性。

足球战术阵型在经历一代又一代的足球人不断探索与发展，也经历了许多演变与改革，形成了现在的格局。

❖ 1860 年九锋一卫（1—9）、八锋二卫（2—8）

在事物处在发展前期时，其探索也是初期的、非常简单的。

该阵型是在足球发展的前期，由 19 世纪中期英国人创造的最初阶段的起源战术阵型。因为当时的足球规则规定本方球队的任何队员只要在球的前面就是越位。与此对应，该战术的基本思想就是片面追求进攻，因此，在比赛中控球队员先将球向前踢或向前带，后方的队员冲上去进攻或抢球，其特点是“一窝蜂”踢球和带球。因此，就当时阵型的作用而言，明显没有好好地组织球队，只设置了一个后卫防守去抵挡九个前锋的进攻，这显然不是很合理。由此可见，这种战术是比较落后和混乱的，技术含量很低。

❖ 1870年七锋三卫（1—2—7）、六锋四卫（2—2—6）

在越位的规则初步出现之后，随着足球队员技术水平的不断提高，球队开始增加后卫人员的人数，于是在1870年英国人创造了“七锋三卫”式阵型。

1866年，由于越位规则的变化，使没有控球权的球员可以跑到球前去发动进攻，促进了球员之间的配合，射门概率增高，同时加上三卫七锋式的一些不足也逐渐显露。于是，1870年由苏格兰人创造了六锋四卫式阵型，球员的分工和

职责更加明确。

❖ 1890年塔式（2—3—5）

很多对足球比较了解的人都知道，在随后的发展中，英国人渐渐发现3个后卫的防守阵型在进攻时比较困难的情况，然后发明创造了塔式阵型，它体现了球队攻和守之间力量基本平衡的特点。它驰骋世界足坛长达40余年，风靡一时，对足球运动的发展起到积极重要的作用。

❖ 1930年WM（英国）（3—2—2—3）

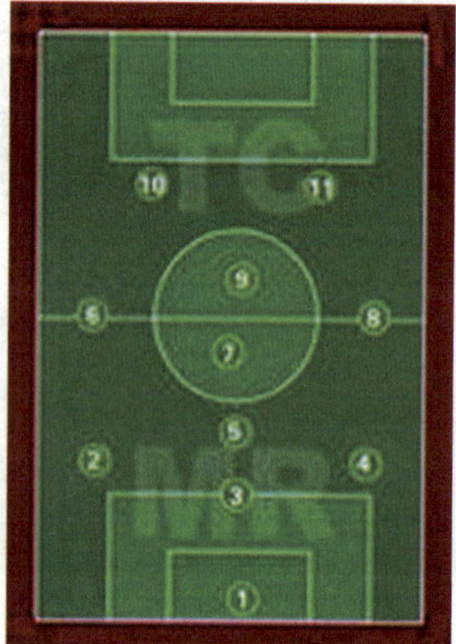

1925年，国际足联修改了越位规则，将进攻队员与对方端线之间对方队员不足三人改为不足二人时为越位，这样一来，场上进攻力量强于防守力量，对攻方是极为有利的条件，战术内容得以丰富。为了解决攻强守弱的问题，以加强防守为指导思想，英

国人查甫曼于 1930 年首创了“WM”式阵型，它在塔式阵型的基础上，通过坚固的防守阻碍对手进攻，有效地解决了攻守不平衡这一问题。这一阵型不仅使英国队称雄世界足坛 20 多年，而且曾风行于世，一直到 20 世纪 50 年代。

❖ 1952年四前锋制（匈牙利）——第一次技术大变革

我们可以了解到，在“WM”式阵型中，前锋是很容易被后卫盯死的，所以在 1952 年，匈牙利人在“WM”式阵型的基础上，创造性地发明了四前锋阵型。四前锋制阵型拥有 4 个前锋，较易突破后卫。

匈牙利人曾经运用这种战术取得了令人惊叹的好成绩，该阵型风靡全世界，非常流行，匈牙利人伟大的创造精神，为世界足坛做出了无法磨灭的贡献。

❖ 1958年四二四（巴拉圭，巴西）（4—2—4）——第二次技术大变革

20 世纪 50 年代后期，巴西足球队针对四前锋式阵型中攻守不平衡的缺陷并吸取了它的优点，把中锋拉回来担任前卫，而把一个前卫拉回到后卫线上担任中卫，出色地解决了防守的弱点，形成了“4—2—4”式阵型，即四个后卫、两个中场、四个前锋。

巴西队在第 6 届世界杯赛上首次成功地运用了“四二四”阵型，不仅保持了原来四前锋进攻锐利的优点，而且弥补了三后卫防守单薄的不足，使攻守之间达到了平衡。所以说，该阵

型是一种攻守极为平衡的阵型，进攻和防守的转换速度也加快了，对取得比赛主动权非常有利。

在此阵型的运用中，两个前卫的位置非常重要。进攻的时候，要积极组织和响应，防守的时候，要快速回拦截球。因此，对两个前卫的体力及技术有着非常严格的要求，他们需要频繁地运动，非常消耗体力。如果前卫队员在体力及技术上不足的时候，中场力量会非常薄弱。

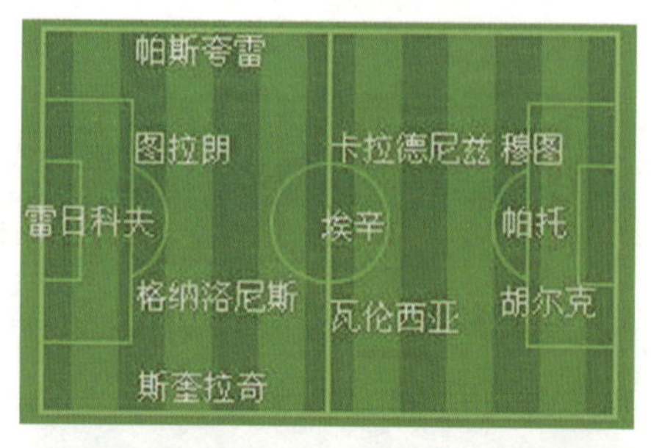

巴西人在阵型变革中做出的杰出贡献，以及他们卓越的个人技术，得到了世界的肯定，并对足球的发展产生了极深刻的影响，巴西成为先进足球战术和个人杰出技术的代表。

❖ 1962年四三三（4—3—3）

在“4—2—4”式中，我们不难发现，2 个前卫控制中场不太容易，需要兼顾攻守的双重职责。为了进一步加强中场的力量，将一个内锋撤回到中场担任前卫，而形成了“4—3—3”式。

该阵型的特点是球员位置灵活，球员能根据比赛情况适时调整位置，但却又不打乱整体的组织性与协调性。该阵型至少有七个防守者，一般是六人参与积极进攻。该阵型要求后卫队员插上时要把握时机，又要求其他队员必须注意补位。

总观来说，四三三阵型是比较有攻击力的一种阵型。它的类型是纯进攻。两名左右边锋基本上只参与进攻，不参与球队的防守。该阵型通过边路突破防守，是巴塞罗那队、荷兰队、葡萄牙队等都比较喜欢使用的阵型。

❖ 1966年四四二（清道夫）（4—4—2）

进入20世纪60年代以后，在之前战术的基础上，有时为了加强防守，从3个前锋中撤回1个担任前卫，于是出现了“4—4—2”式阵型。该阵型比较侧重防守，清道夫担负防守组织、指挥的重要作用。当清道夫离开本位进攻或者防守时，要由其他队员补上位置。

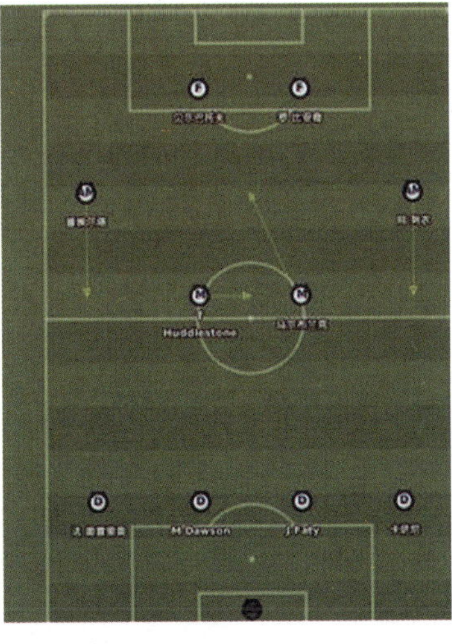

四四二阵型最大的优点就是攻守平衡，该阵型在于其坚固的防守，但其变化形式则不受约束，形式是多样的。该阵型是一种目前被认为最平衡、最有效的阵型，是当前许多球队的首选，很多其他阵型也都由它演变而来。其不足是打法比较平淡，缺乏一定的创造力。该阵型要求球员必须具备充沛的体力，深刻理解攻守平衡。

❖ 1978年一三三三（荷兰）（1—3—3—3）——第三次技术大变革（全守全攻）

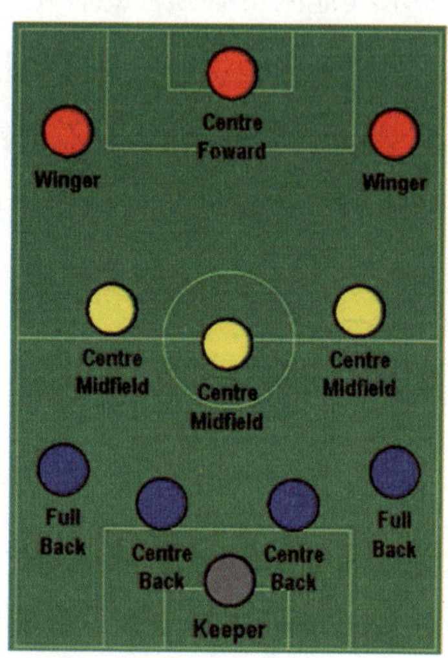

这是一种在20世纪70年代流行的阵型，在“4—3—3”式阵型中拉回1个中卫成为“自由人”，3后卫盯3前锋，“自由人”在后面担当保护、补位的作用，也可以把握时机参加进攻。“自由人”是全队防守的核心和场上指挥作战的指挥者，相应的要求也非常高，他必须具备非常全面的能力和技术。

足球

❖ 1982年三五二（3—5—2）,1986年三六一（3—6—1）

在20世纪80年代，出现了三五二阵型。这种阵型在中场有5名球员，所以中场人员相对占优势。三五二阵型的后卫防守非常强大，它会以强大的中场力量控制住全局，该阵型有利

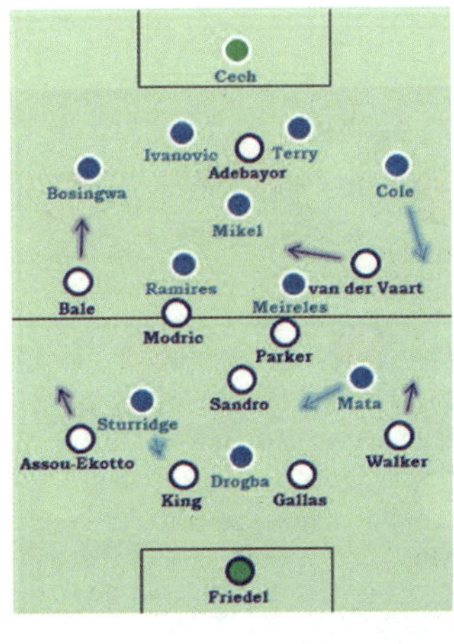

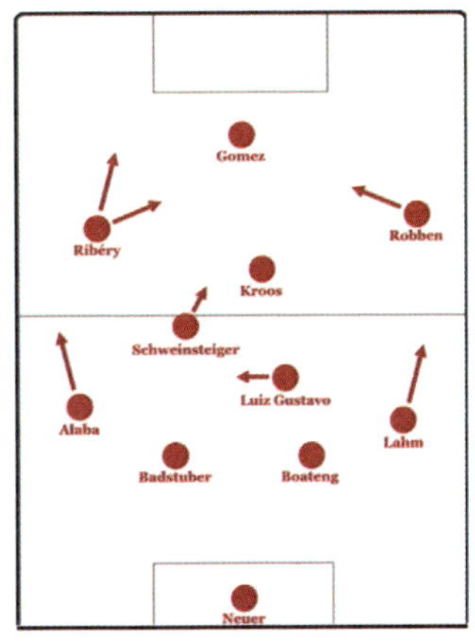

也有弊，是很多强队在遇到弱队压迫式向对手攻击时的选择。

目前足球比赛中这种阵型很少见了，个中原因可能有很多，它在中场配置球员过多，导致后防和前场人员缺少。所以，只在个别情况下适用该种战术。

❖ 1990年五三二（5—3—2），1994年四五一（4—5—1）

我想大家都应该可以理解五三二阵型的一些基本含义和简单应用。在这里，主要讲解四五一阵型。四五一阵型是一种密集防守反击的阵型，在中后场配置较多人员，防守非常密集，反击也可以非常迅速。四五一阵型在防守强大的基础上，还可以通过中场的力量优势，加强对赛场的控制，获得射门的机会。这是一种较稳健的或者说迫于无奈的打法，并不经常用到，不过在不同的情况下，不同的球队会发挥不一样的效果。

❖ 1998年三四三（1—3—4—3）

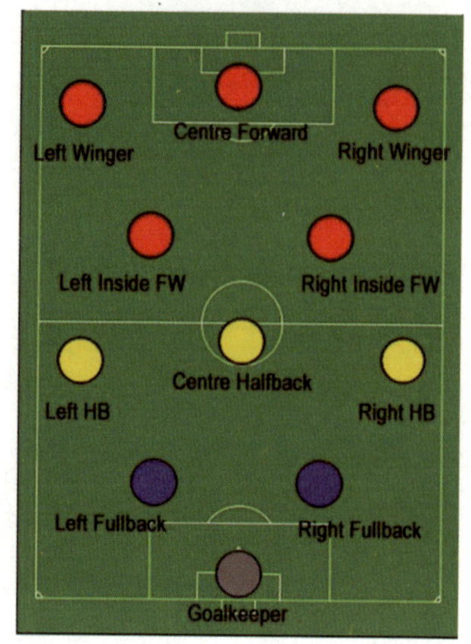

当足球发展到20世纪末时，其阵型已经非常完善和丰富了，之后的阵型也无非是在原来的基础上做些改进和变动。三四三阵型是在球队防守时两个边前卫作为边后卫的一种演变阵型。

介绍了这么多阵型，相信大家都在一定程度上对足球阵型有了大概的了解，然而这些都只是理论上的。我们要明白，阵型只是个框架，足球比赛的灵魂是打法，如果脱离了合理的打法，则再先进的阵型也只能是个空架子，没有实质作用。我们要配合先进的打法，好的阵型才能够具有时效性和有效性，发挥出最大的作用。

战术分类

提到足球战术，我们就不得不说一下足球战术原则了。足球战术原则是指导球队比赛的基本法则，它包括进攻和防守战术原则两部分。

足球战术可以从不同的角度分类。根据攻防的基本特点，

足球战术可分为进攻和防守战术两大系统，攻守战术分别包括个人战术、局部战术、整体战术、定位球战术，本章重点讲解局部战术和整体战术。

❖ 进攻战术

进攻战术的主要目的是积极创造射门机会，争取破门得分。

进攻战术中的个人战术是指在比赛中，为了配合整体进攻球员个体采取的战术和行动。分为持球进攻和非持球进攻。持球进攻如带球突破，非持球进攻则主要是无球状态下的跑位，起到策应进攻的作用，必要时还可以自己接球进攻。个人进攻战术包括摆脱、跑位、接应、过人、传球和射门。个人进攻战术是局部进攻和整体进攻战术的基础，个人进攻战术的水平高低影响整个战术的质量，有着非常重要的作用。

个人战术

1. 摆脱

队员通过改变速度或者该变方向跑动等一系列方式尽量甩开对手，获得有利的接球时间和空间，进而获得射门的机会或者有利于射门的条件。

2. 接应

当本队拥有控球权的队员被对方防守队员逼抢时，无球队员要避开防守队员，跑向控球队员为控球队员创造一条传球路线。接应的角度和距离有一定的要求，角度一般应在持球人侧

前方 45 度方向，距离可根据实际情况灵活控制。

3. 跑位

跑位是指在比赛中队员在无球的情况下，通过不断有意识的跑动，为本队球员创造进攻机会和条件的行动。在足球的实际比赛过程中，球员接触到球的时间和机会是非常有限的，每个队员的平均控球时间也就仅仅几分钟，绝大多数时间都是无球运动。但是在足球运动中，取胜的关键是有球活动。所以，在无球的时候，运动员同样不能停下来，必须不停地跑位，进行积极、快速的无球活动。因此说："现代足球比赛是建立在无球队员的跑动能力上的。"跑位具有多种形式，在比赛中应根据场上的变化，选择适当的跑位方式。注意跑位的目的性、灵活性、突然性、及时性和多变性，以便为无球同伴和持球队员创造更多、更好的进攻点，灵活选择战术行动，争取控球权

和足够的有利于进攻的时间、空间使有限并宝贵的有球活动能保质保量地完成。

在比赛中，跑位常常与传球、摆脱等紧密相连，密切配合，是比赛中运用最多、最主要的手段。总的来说，跑位是局部进攻和整体进攻战术的基础，是球员为了获得控球权的准备行动，为自己和同伴创造有利条件的重要手段。正因为如此，它要求运动员具有敏锐的观察力、默契的配合和明确的目的。

4. 传球

传球是队员有意识、有目的地将球踢向同伴或场上空当。其目的就是要把握好球的控制权，加快本队的进攻速度，充分发挥球队整体的作用，成为联系战术之间有力的桥梁，并且与跑位互相配合，将 11 名队员紧紧联系到一起。传球被称为“足球运动的语言”，它是整体战术配合的基础，是组织进攻、变

换战术、迅速逼近对方球门、创造射门机会的重要手段。

传球在比赛中的方式是多样的，对球员的要求同样也是非常高的。如果按接触方式分类，可以分为直接传和间接传。如果按传球距离分类，则可以分为短传（15 米以内）、中传（15 ～ 25 米）和长传（25 米以上）。按传球高度可分为地滚球、低球（膝部以下）、平直球（膝以上，头以下）和高球（头以上）。如果按传球方向可分为直传、斜传、横传和回传。另外按传球目标

可分为向同伴脚下传和向空当传。按旋转可分为上旋球、下旋球、侧旋球和混合旋球。这里就不再一一介绍了。

5. 射门

球场上的一切行为都是为了获得射门的机会，在比赛中取胜，只有通过射门，才有可能变成现实。它是任何一种集

体和个人进攻行动的目的，一切战术配合的最终目的。射门不仅是进攻得分的唯一手段，也是进攻战术最重要、最困难、最让人兴奋的部分。所以在现代足球比赛中，想要在双方激烈的防守和争夺过程中抓住难得的时机，获得宝贵的射门机会，并有效迅速地完成射门，球员必须要有高超的技术和强烈的射门欲望，并选择合理的射门方式。一定要好好把握，并且熟悉几个重要原则：能直接射门的不间接射，能快射的不慢射，能传射的不运球突破射，能空中射的不落地射。这样才容易获得射门的机会。

局部战术

进攻战术中的局部进攻战术是指在进攻过程中两个或两个以上队员之间为了完成进攻采用的局部互相配合的行为。它同样是集体进攻的基础，包括二过一战术配合、传切（斜传直插，

直传斜插）、回传反切、交叉掩护、墙式等六种方式。在此只解释个别常用战术。

二过一是足球比赛中比较常用的过人配合方法，指两个进攻队员通过两次连续传球配合来突破一个防守队员。二过一的两个球员进行一传一切的配合，传球要平稳，一般以地滚球为主。二过一配合的运用能力与队员的技术能力、战术意识及队员间的默契水平密切相关。

传切配合是局部进攻战术中运用最多的战术。拥有控球权的球员将球传给切入的进攻队员达到突破对方防线的目的。在球场的局部区域，当进攻方控球队员受到防守方盯防时，需要通过将球传给合适的队友来摆脱对方的防守，一般在边路进攻时可采取直传斜切和斜传直切的配合方法，在中路则以斜传斜切为主，传球队员和跑位队员默契的传切配合能够成功突破对方封锁线。当一侧进攻受阻时，还可以通过长传转移到另一侧，无人防守的切入队员得球后可顺利展开进攻。

交叉掩护配合是指在足球比赛场地局部地区两名进攻队员在运球突破

时交叉换位，用自己的身体掩护同伴突破对方防守队员的防守，这种方法就是局部进攻战术的重要配合形式。交叉掩护配合成功有两个条件：其一是进攻队员必须用自己的身体护住球并挡住两名防守队员，将球交给同伴后，要继续向前跑动；其二是接球队员必须主动迎面跑向运球同伴，这样一来，交叉距离贴近，接球后可以快速向前带球。

整体战术

进攻战术中的整体进攻战术是指比赛中一方获得球后，通过队员之间的传递配合达到射门的目的而采用的配合方法。与局部进攻战术相比较，整体进攻战术的进攻面比较广，适用于进攻和快速反击等。

1. 边路进攻

边路进攻是整体进攻战术的主要形式，是利用球场两侧区域发起的进攻。一般是指进攻的最后阶段发生在前场禁区线以

外靠近边线区域的进攻。一是进攻过程始终沿边路而行；二是通过中路转移至边路。边路进攻打法利于发挥进攻速度，打破对方防线制造缺口，其主要目的在于充分利用“宽度”原则，扩大对方的防守面，削弱中路的防守力量，创造破门得分的有利条件。

2. 中路进攻

中路进攻通常是指进攻的最后阶段利用前场中间区域组织的进攻。中路进攻一般也有中路直向推进和边中转移两种形式。中路进攻特点一般说来比边路进攻更具有威胁性和直接性，因为这种进攻可以直接射门。但是由于中路往往防守人员比较集中，所以进攻的难度很大，但是一旦成功，则威胁效果更大。这也说明了，难度越大，越具有挑战性，回报就越大。中路进攻方式多种多样，该战术要求队员反应敏锐，有较快的速度和

强大的意识。

3. 快速反击

快速反击是指比赛中获球队员应该尽快地把球传送给处于有利位置的中、前场队员，使他们在对方还没有完全组织好严密防守之前得到一次良好的射门机会。

❖ 防守战术

防守战术是在比赛中为了阻止对方进攻和重新获得控球权所采取的个人和集体的配合手段。

个人防守战术

个人防守战术是指为了控制对手所采用的个人战术行动。它包括选位与盯人、断球和抢球。

1. 选位与盯人

选位是指球员根据个人职责选择恰当的防守位置，要兼顾到球、对方球员、球门等。对方控球时，本方队员应当占据有利位置，并力争为夺回控球权创造条件。选位的一般原则是要位于对手与自己队的球门之间，阻碍对方的进攻，切断对方通向本方球门最近的进攻路线，并不断地调整状态。球员要根据场地以及球所处的位置来决定与对手的距离。保护队员相对于队友或对手的位置取决于行动所处的区域。比如说，在对方半场，保护队员应站在距离防守控球队员的队友较近的位置，但在某些位置，距离队友或对手太近是很危险的，这样会给控球队员的两侧和身后留下较大空当。在禁区内，应站在距离对手或队友较近的位置，否则对方控球队员将有机会突破射门。

盯人又分为紧逼盯人和松动盯人。盯人时（这里指盯无球队员），防守队员的选位应在己方球门和被盯对象之间。为便于既能看到球也能看到对手，即人球兼顾，防守队员的站位应稍稍和对手保持一定距离。球员向前可以截球，截不到则可以抢或者不给对手自由处理球的机会，向后则可以转身在对手之前抢到球或者破坏对手的球。防守队员与进攻队员的距离取决于球、对手和球门之间的角度。如果控球队员处在可以射门的距离，防守队员和其盯防的攻防接应队员又处在守方球门和控球队员之间，那么防守队员应站在距其盯防的队员稍远一些的位置上，这样做的目的是防止其接球后过人。但当控球队员在外围边路时，防守队员应站在对方接应队员的侧方，面向控球队员，并且始终保持控、接队员在自己的视野范围以内。处在外围边路的防守队员，防守时也应站在对手的侧方。

2. 断球和抢球

防守者为了从对手手中再次获得控球权和主动权，经常采用抢球和断球的方法。各种比赛证明防守者要想获得球权，采用较多的方法是断球，而抢对手脚下球的成功概率却比较小。所以说断球是防守者获得球权的最有效方法。一方面，断球后防守队员可以很快地将球向前推进；另一方面本队队员的迅速

移动可以使队友迅速投入反击，防守队员应该集中注意力，时刻注意对手的传球动向，其行动速度很大程度上取决于球员对场上形势的洞察能力。通过判断对手接球和控球的方式，防守队员可以在对手触球的瞬间占据有利位置。如果接球队员原地控球，防守队员可以做抢球的假动作，诱使对手带球移动，以

便进行破坏和抢断。抢截时扑球的队员常常在抢截失败后，给对手留出空当。足球运动员必须要时刻运动着，一个球员站着不动,他既防不住人,也很容易失去防守位置。另外稍微提一下，铲球是一种冒险的行为。但是，某些情况下，例如，当对手在边路突破防守时，防守队员可以采用铲球。

局部防守战术

在足球防守战术中，局部防守战术是指两个或两个以上防守队员之间的配合方法。它是集体防守战术的基础，基本配合有：保护、补位和围抢。

1. 保护

保护是指在逼抢持球对手的同伴身后，选择适当位置协防并阻止对方突破的战术配合行动。保护队员给予持球队员同伴心理上的支持，让其拥有安全感，消除他的顾虑后他便可以全力以赴紧逼对手。一旦被持球队员突破，保护队员可及时补防，堵住进攻路线或夺回控球权，另一种情况下，当本队队友夺回控球权，保护队员可及时接应发动进攻。运用保护战术有以下要求：

保护队员与逼抢队员的距离，根据不同场区应有所不同：后场 3 ～ 5 米；中前场 4 ～ 8 米。根据持球队员的不同特点也应有所变化，不同的球员适合不同的距离，会对自己更有利。保护的距离是动态变化的。保护队员在认真观察赛场上的抢球情况时不断调整位置，当对方突破本队队友后，保护队员应处在一伸脚就能将球夺过来的有利位置。

保护队员与逼抢队员的角度一般应选 45 度角，偏向球的一侧。另外要根据临场具体情况随时调整角度。

保护队员选位时还应考虑双方人数的对比。二防一时，全力保护、夹击。二防二时，既要保护同伴防突破，又要兼顾自己应盯防的对方接应队员。二防三时，主要是延缓对方进攻速度，争取其他队员的回防时间。当对方射门时要坚决封堵。

保护队员还要通过语言指挥同伴抢截和选位，让同伴知道自己的保护位置，使防守配合如围墙一样固若金汤，不给对手任何机会。

2. 补位

补位是指防守队员弥补同伴在防守中出现漏洞时所采取的相互协助的战术配合。在比赛中，通过同伴间的相互补位，可以有效地遏制和破坏对方的进攻行动，变被动为主动。

补位形式：

弥补插上的队员的防守空位。当前卫或后卫队员插上进攻退守不及时，临近的队员应暂时弥补他的空位，以防对方利用这一空当进行快速反击。

围抢。围抢是指两个以上的防守队员从多方位夹击对方的控球队员，把球抢夺回来或者破坏掉的战术配合。它要求：一、人数优势思想统一；二、被抢队员已控制好球且附近没有接应的队友；三、观察角度比较差。注意事项：一、务求成功，避免被动；二、贴身逼抢，避免犯规。

整体防守战术

整体防守战术是指全队进行防守的配合方法，按形式可以分为人盯人防守、区域盯人防守和混合盯人防守；按打法可以分为向前逼压式打法、层次回撤式打法和快速密集式打法。

1. 人盯人防守

即在规定的范围内盯人紧逼，不交换看守。它的优点是分工明确，盯防效果好；它的缺点是球员的体力消耗大，防守队

形防线容易被拉乱，被突破后不易弥补。

2. 区域盯人防守

区域盯人防守即现今流行的综合防守，紧逼和保护相结合，在个人的防区内紧逼，做交替看守。它的优点是节省体力，能防守住进入本防区的进攻队员；缺点是容易造成局部地区以少防多的被动局面并容易在邻近的结合部位出现漏洞。

3. 混合盯人防守

混合盯人防守是结合人盯人防守和区域盯人防守的一种战

术，它最根本的原则是紧逼和保护。只有紧逼才能有效地主动抢断，压制对方技术的优势而获取主动权；保护是为了更好地紧逼和控制空当。

位置战术

现在，再来给大家介绍防守战术中的另一种战术——足球防守战术中的位置战术。

位置战术虽然不及上面介绍的战术那样被大家熟知，但也是防守战术中不可或缺的一种。防守队员可以使用站位迫使对手运球或将球传向某一既定区域，而在这个区域，对手进攻方法的选择余地受限，或者其他防守队员能够予以阻截（防守陷阱）。守方可以在球场的任何区域使用位置战术，尤以攻方控球球员在边线或端线附近时，使用这种方法最为有效，而球员个人使用时，一定要从整体考虑。守方可以通过队员的站位压缩攻方的攻击区域，某种程度上限制了攻方的向前推进。如果防守队员占据一定位置，迫使控球队员将球传给某一可能对本方防守有力的区域，或对手被迫将球传给不太擅长控球的队友。这便增加了守方获得控球权的机会。

使用位置战术的目的有两种：迫使对方的进攻向某一既定区域发展。对手在此区域的进攻受限，或很可能失去控球权；迫使控球球员将球传给不善控球（攻方的软肋）或出于不利位置的队友。

位置战术的原则

1. 距离

防守队员与控球队员之间的距离取决于防守队员的速度和控球队员的运球技术。如果防守队员的速度比控球队员的速度快，那么距离就应短些；如果防守队员速度相对较慢，并且控球队员又善于运球，那么距离就应大一点。当然了，防守队员与控球队员之间的距离也取决于前者是否想迫使后者改变进攻方向。防守队员距离控球队员越近，控球队员越可能改变进攻方向，同时，这也会使控球队员突破防守队员的危险性增加。

2. 站位

防守队员相对于控球队员的站位取决

于队员之间的配合保护防守能力的高低。好的保护防守可以使防守队员在控球队员的侧方集中精力夺回控球权。

3. 默契程度

防守队员迫使控球队员向队友方向移动需要他们之间的密切配合。处在最后一道防线上的防守队员应当使参与逼抢和堵截控球队员的队友清楚自己所在的位置，这样可以使其决定向何处改变控球队员的进攻方向。

4. 开 / 收

首先，多名防守队员利用站位故意让开一个空当，吸引对手将球攻入这个区域。然后，迅速对控球队员进行堵抢。

防守的深度应由一名或几名不向控球球员施压的队员制造，这名（些）队员应向本方球门的方向移动，并且站位要在球和球门之间的连线上。

上述做法确保在后排队员或球周围区域的后面始终有一名

或几名防守队员，处在该位置的队员极易抢断对手的纵深传球，而且可以增援防守控球队员的同伴。各条线上的队员应不断调整自己的相应位置。前锋线和前卫线之间的距离可以调整，以便于当前面的队友在有压力的情况下，后面的队员能够快速做出反应。例如，当球传向边路时，后面的队员向后移动。该原则对其他队员之间调整距离同样适用。

队员应经常观察距其最近队友的位置和判断应何时占据恰当的深度防守位置。为了保护队友，组织对手打身后空当，位于防守控球队员后方的

队友应快速占据有利位置。离球较远的队员也应该时刻观察，做出有利的变化。

现在，我想你应该了解到了：如同带兵打仗一样，总揽全局，战术才是足球运动中克敌制胜的关键。

第六章

那些留在人们记忆深处的明星们

提到足球，我们不得不说一下那些在绿茵场中带给我们无数精彩瞬间的足球明星们。足球能够让整个世界为之呐喊，为之迷恋，为之疯狂，那些叱咤在绿茵场上的明星起到了居功至伟的作用。

相信每一个熟悉足球的人，对这些名字都不会陌生：贝利、马拉多纳、迪斯蒂法诺、普斯卡什、卡卡、梅西、C 罗等等，这些都是曾经或者现在带给我们无数精彩瞬间的足球明星，每一个时代都有着属于这个时代的明星，他们代表着这个时代最为巅峰的足球时刻。下面，本文将从那些曾经的足坛名将中，找寻属于他们的传奇故事。

站在荣誉巅峰的足球天王——贝利

如果非要在众多的足球名宿中，寻找到一个站在足球荣誉的最高点的足球天王，那么毫无疑问我们会找到他——贝利。生于 1940 年的贝利是名副其实的足球球王。作为绿茵场上的前锋，在职业生涯中，他凭借着精湛的技艺，踢进了 1283 个球。在足球最伟大的赛场——世界

杯中，他四次征战，以12球的战绩3次将世界杯荣耀带回了他的国家，更带给了他自己。雷米特杯依然闪耀着耀眼的光辉，诉说着贝利曾经的辉煌，球王贝利凭借让整个世界为之震撼的功绩站在了绿茵场的巅峰。

他为足球而生——马拉多纳

他注定是足球场上最伟大的英雄，他是足球场上的上帝，2001年他被评为“20世纪最佳球员”，他就是为足球而生的马拉多纳。作为阿根廷的足球运动员，他被认为是足球历史上最为优秀也最受争议的足球运动员。他的能力全面，在前场可以胜任任何位置，是天生的得分手，凭借绝伦的射门技艺，他屡创传奇。马拉多纳在青年时期就表现出了足球上的过人天赋，11岁时已经是闻名阿根廷的足球神童。18岁时，马拉多纳带领阿根廷青年足球队取得了世界青年锦标赛冠军，这一年他获得了代表最佳球员的金球奖。随后他迎来了足球生涯的顶峰，在巴塞罗那，他助其夺取国王杯、联赛冠军以及超级杯冠军。在那不勒斯，他助其夺取意大利甲级联赛、意大利杯赛冠军，在他来到之前，那不勒斯仅仅是勉强能够保级的球队，在马拉多纳的带领下，那不勒斯登上意甲之顶峰，圆了那不勒斯几代人共同的梦想。1986年，马拉多纳临危受命，担任阿根廷国家队的队长，首次担当重任，很多人并不看好他，可是很快他就用自己的行动谱写了世界杯上不朽的传奇。在足球场上，他是天生的领袖、球队的灵魂，一路拼杀，过关斩将，马拉多纳带领下的阿根廷国家队有如神助，整个世界杯如同是马拉多纳一个人的赛场。在对战英格兰时，马拉多纳一人连过五人，并最终将球打进。这一球，直到现在仍被认为是最漂亮的进球。那一年，他带领阿根廷第二次捧回了世界杯。其后他在半决赛对比利时的赛事中又有了两个奇迹般的进球。赛后比利时主教练说，如果给我一个马拉多纳，我也能赢得世界杯。这就是马拉多纳，在足球场上无所不能的王者，可是天使的另一面却是魔鬼。马拉多纳风流成性，而且吸食毒品，由于毒品的危害，他的身体每况愈下，1997年宣布挂靴，结束了他在绿茵场上的传奇。

绿茵场上的另类传奇英雄——加林查

在葡萄牙语中，加林查是小鸟的意思。这是世界足球迷们送给加林查的礼物，绿茵场上的加林查如同小鸟一样时而轻

盈、时而优雅，他用近乎完美的盘带技术在足球场上创造了一个又一个传奇。加林查是和球王贝利同时代的巴西最伟大的足球运动员之一，代表巴西队三次征战世界杯，两次捧回了象征着足球场上最高荣誉的雷米特杯。他被称为足球历史上的盘带之魔，他的盘带技术前无古人，后无来者，他就是小鸟加林查。可是就是这样的一个足球场上的英雄却是天生的残疾人，他的两条腿长短不一，一条腿要比另一条短了 6 厘米。加林查的好友曾经这样说过："论足球上的天赋，球王贝利总是人们所热烈谈论的对象，但是，加林查才是球王。"在足球场上，他和贝利是一对完美搭档，只要有他们，胜利就会属于他们的球队，这样的一个奇迹一直持续了八年。上帝对加林查是公平的，上帝给了他一双长短不一的腿，但也赐予了他绿茵场上无与伦比的天赋。可是足球场上几乎完美的加林查的另一面却是让人无法理解的"堕落"，他酗酒，有时候在比赛前会喝一整夜的酒，第二天再去比赛。在1980年，在里约热内卢的狂欢节中，他被邀请登上花车，可是全巴西的电视观众看到的仍是一个醉醺醺不省人事的酒鬼。马尔维纳说："加林查就经常这样。他从来没有忘掉过自己是从哪里来的，他只是一个天真随性的人，他不是恶人。"巴西人说他是一个可爱的人，他喜欢和小鸟说话。

足坛外星人——罗纳尔多

罗纳尔多从巴西的克鲁塞罗踏上绿茵场，此时他刚14岁。因为他，绿茵场上又多了一段传奇故事。这位来自巴西的"外星人"，自出道就表现出足球方面天才般的潜力，每一场比赛中，他都能轻而易举地打进一球，此时他的进球率要比球王贝利年轻时还要高。在西甲，年仅20岁的罗纳尔多凭借其惊人的足球天赋，让整个欧洲为之震撼。他就如同一个得分机器，惊人的进球率使其迅速跻身世界一流足球球员的行列。1998年，罗纳尔多连续两年当选世界足球先生，1998年世界杯比赛中，一人打进四球，成为当年众望所归的世界杯最佳球员。2002年，再次获得

世界足球先生。罗纳尔多在足球赛场上取得了太多的传奇。在效力于巴塞罗那时，凭借超强的身体素质与足球技艺，罗纳尔多带球连过 6 人，神勇的表现令对手胆寒，就连在足坛叱咤多年的老罗布森都无可奈何地感叹：“罗纳尔多不属于地球，他太不可思议了，简直就是一个外星人。”

最有女人缘的巨星——贝克汉姆

如果要在世界足坛中寻找一位最有魅力、最具女人缘的足球巨星，那么贝克汉姆将成为最佳人选。贝克汉姆在绿茵场上最为让人印象深刻的是他的任意球。刁钻的贝氏弧线几乎无人能与之媲美，1998 年的法国世界杯，贝克汉姆凭借他的贝氏弧线和长传让整个世界记住了他的名字。在八分之一决赛中，英格兰对阵阿根廷，欧文的那一记神奇的进球至今仍被人们所津津乐道，而这一神奇的进球就是得益于贝克汉姆精准的长传。

可是本应成为英格兰国家英雄的贝克汉姆却在此时跌入了运动生涯的最低谷。就是在这场比赛中，由于贝克汉姆没有保持冷静的头脑，被红牌罚下，随着英格兰国家队在世界杯的征战中早早收场，贝克汉姆从足球神坛上瞬间跌落并受到了很多球迷的指责。巨大压力之下，贝克汉姆几乎就要离开英格兰，最终是朋友和爱人的鼓励使他重新站了起来。随后一年，贝克汉姆迎来了足球生涯的顶峰。借助于他的长传，曼联在英超、在温布利的赛场上、在诺坎普的冠军杯赛场上三次捧起冠军奖杯，创造了三冠王朝的传奇。这就是贝克汉姆，拥有英俊的外表、精湛的球技的绿茵场王者。贝克汉姆不仅在球场上叱咤风云，拥有出众外表的他，更是千万球迷的偶像，甚至穿衣品位、发型服饰都成为人们所争相模仿的对象。在 2009 年，更是被评为体坛最赚钱的机器第一。

完美球王——齐达内

1972 年，齐达内诞生于法国马赛一个普通的移民家庭，他是为足球而生的传奇，在绿茵场上他无所不能。他的价值毋庸置疑，曾经打破纪录的 6400 万英镑的转会费就是最好的证明。14 岁就有马赛神通之称的齐达内，在 1994 年代表法国国家队对阵捷克队，在 0 比 2 的不利局势下替换上场，在不到 15 分钟的上场时间中，齐达内连进 2 球，自此开启了他的巨星之路。虽然年少成名，但是由于他的性格内向，并不为

世界球迷所知，让他真正成为世界级球星的是1998年的世界杯，在与巴西的对决中，齐达内两次用头球攻破巴西大门，帮助法国第一次捧起了大力神杯。之后，世界足坛迎来了齐达内的时代。不知道是否有人会忘记2002年欧冠比赛中齐达内的那一脚被人们称为“天外飞仙”的进球，齐达内的凌空半转身怒射永远定格在人们的记忆中，成为足球历史上最为惊艳的进球之一，也使得齐达内成为当代绿茵场上独一无二的王者。无论多么伟大的英雄都会有黯然落幕的一刻，齐达内没有留恋绿茵场上的荣耀，在几乎取得了所有的荣誉之后，2006年他选择了离开，自此绿茵场上的王者退出了属于他的舞台。

球场新贵——卡卡

2007年获得欧洲金球奖并当选世界足球先生的卡卡，可以说是炙手可热的足球巨星。生于1982年的卡卡，在15岁时就

立志成为一名足球运动员，可是18岁时的一次意外事故差点断送了他的运动生涯。好在他迅速恢复过来，卡卡认为这是上帝的功劳。所以我们很容易就能理解为什么他在2004年AC米兰称雄之时，特意在衬衫上写了“I BELONG TO JESUS”以此表达对上帝的感激之情。在2007年的欧冠胜利之时，他再次向人们展示了他的庆祝衬衫。卡卡被誉为当代最伟大的进攻型球员，他射门精准，令人惊艳的直塞球是他的拿手好戏，霸气无双的盘带更是令对手胆寒，11秒内的百米成绩成为他在绿茵场上克敌制胜的又一法宝。与大多数巴西球员不同，卡卡出生于巴西利亚的一个较为殷实的中产阶级家庭中，父亲是一名工程师，母亲是一名教师。卡卡在年仅8岁时就已经是圣保罗俱乐部的一员，在15岁时签订合约后的卡卡代表圣保罗俱乐部取得了当年的圣保罗州的青年杯赛冠军。自此，卡卡开始了他的足球生涯，21岁的卡卡出现在成年足球赛场上，并且在接下

来的 27 场比赛中打进 12 球，帮助圣保罗赢得了它的一个里约圣保罗冠军，而卡卡也被评为当年巴西联赛的最佳运动员。初出茅庐的卡卡就此锋芒毕露，绿茵场上的天赋显露无遗。更大的舞台在呼唤着卡卡，卡卡也需要更大的舞台来展示自己。2003 年他转会 AC 米兰，2009 年转会皇家马德里。2003 年在 30 场比赛中卡卡打进 10 球，奠定了 AC 米兰在意甲的霸主地位，2006 年在意甲和欧冠赛场上上演帽子戏法，2007 年帮助 AC 米兰第七次称霸欧洲冠军杯，2009 年以 6500 万的身价转会皇家马德里，卡卡用自己的实力带给世界令人惊艳的震撼表现。不用怀疑，当今的世界足坛会因为他而创造更多的传奇。

命运多舛的天才球员——梅西

提到当今的足坛，我们不得不提到一个人，他就是梅西。效力于巴塞罗那的梅西来自阿根廷，生于 1987 年的他带领巴塞罗那 3 次称雄欧冠赛场、5 次取得西甲冠军、2 次夺取世界杯冠军，2008 年带领阿根廷夺取奥运会男足冠军，这一个个冠军无不在诉说着梅西的传奇。

如果说在这一方并不太大的绿茵场上在每一个时代都会诞生出属于它的英雄，那么可以毫不夸张地说，这个时代是属于足球天才梅西的。想想 5 岁的时候，我们在干什么？在妈妈的怀抱里，在家人的呵护中，还是在与玩伴玩耍？当我们大多数人对这未知的世界充满了好奇的时候，5 岁的梅西已经在绿茵场上为俱乐部踢球了。

就像大多数足球巨星一样，年少的梅西很早就表现出了足球方面的过人天赋，也许有时候我们无法理解上帝，我们无法理解为什么当他在赐予这世界一个天才的时候却同时降下了不幸。11 岁的梅西被诊断出患有发育荷尔蒙缺乏症，如果治疗不及时，梅西可能从此就再也无法长高。也许是上帝给梅西开了一个巨大的玩笑，正当梅西一家陷入绝望的境地时，巴塞罗那的雷克萨奇如同天使一般出现在了梅西的世界，并且带来了福音。在这一年，梅西去了巴塞罗那进行试训，他在足球方面的天赋令其青年队非常震撼。毋庸置疑，梅西将是足坛的明日之星。很快，巴塞罗那跟梅西签订了长达 12 年的合同。梅西能够克服发育荷尔蒙缺乏症最终长高，绝对是一个奇迹。因为当

梅西接受治疗时，他的骨骺线早就已经闭合，生长激素对他已经没有作用，所能够采用的只能是运动疗法，在治疗过程中，梅西每天的运动量到达了7小时以上。经过不懈的努力，梅西最终成功长到169厘米，创造了一个医学上的神话。梅西也许天生就是足球场上的一个神话，2005年17岁的梅西成为巴塞罗那在联赛历史上最年轻的进球者。2007年在对阵皇马时上演帽子戏法，在萨莫拉诺之后成为世纪对决中首个独中三元的球员。也是在这一年，在国王杯对阵赫塔菲时，他连过五人并且最终将球打进，奇迹般地复制了马拉多纳当年的壮举，但是奇迹还没有就此打住，也是在这一年，在对阵西班牙的比赛中，他又复制了被人们称为上帝之手的传奇。2008年，梅西迎来了他职业生涯的巅峰，在各种赛事中他共打进38球，并且率领巴塞罗那称霸西甲、国王杯和欧洲冠军杯，这一年的一个个传奇最终助他登顶世界足坛的巅峰，无可争议地在2009年年底荣获了欧洲足球先生和世界足球先生。世界足坛是一个永远充满了惊奇与传奇的舞台，而梅西就是这里最为耀眼的足坛之星。

身价最高的球王——C罗

如果说非要找到衡量一个球员价值的标准的话，毫无疑问球员的身价是最为简单和直接的方法。目前的足球历史上，C罗以9600万欧元的转会费成为当今身价最高的球员。而C罗也用自身的实力证明了他的身价。在转会皇家马德里之前，C

罗在各项赛事中的表现有目共睹：18 岁加入曼联，在曼联的六个赛季里斩获无数的荣誉，他控球技术炉火纯青，盘带过人技巧令人惊艳，射门精准，在 2007—2008 年赛季中打进 42 球，带领曼联称雄欧冠、英超联赛，因此获得当年的世界足球先生，而他也成为英超中首位荣获世界足球先生的运动员。在进入皇马之后，C 罗的表现更是可圈可点，在加盟皇马之后的 144 场比赛中，打进 146 球，助攻 37 次，场均进球 1.02 个，成为皇马历史上进球效率最高的球员。